고등학생들이 먹는 급식 레시피

1판 1쇄 발행 2024년 3월 15일

기획 한국국제조리고등학교

지도교사 김기태 선생님, 우숙이 선생님

지은이 강민, 장유민, 최유빈, 김채원, 정윤선, 장유빈, 오소희,
　　　　박세연, 김혜인, 김병민, 신현호, 유승현, 김유진, 최우용, 이태우 (15명)

편집 김해진　　**마케팅·지원** 김혜지

펴낸곳 (주)하움출판사　　**펴낸이** 문현광

이메일 haum1000@naver.com　　**홈페이지** haum.kr
블로그 blog.naver.com/haum1007　　**인스타** @haum1007

ISBN　979-11-6440-524-4(13590)

좋은 책을 만들겠습니다.
하움출판사는 독자 여러분의 의견에 항상 귀 기울이고 있습니다.
파본은 구입처에서 교환해 드립니다.

이 책은 저작권법에 따라 보호받는 저작물이므로 무단전재와 무단복제를 금지하며,
이 책 내용의 전부 또는 일부를 이용하려면 반드시 저작권자의 서면동의를 받아야 합니다.

고등학생들이 먹는 급식 레시피

한국국제조리고등학교

머리말

우리들의 가깝고도 먼 친구, 급식에 대하여

- 지도교사 김기태

　급식은 우리의 학창 시절에서 뗄 수 없는 단짝 친구이다. 학교에서 수업을 듣다 지루하면 오늘 점심은 뭐가 나오는지 생각하기도 하고, 메뉴에 관해 이야기하기도 한다. 특히 몇몇 학교의 경우 매주 수요일은 항상 맛있는 메뉴를 확실하게 선정하는 경우도 있어서, 수요일을 특히 기대하며 등교하는 경우도 있었다. 우리의 학창 시절에 뺄 수 없는 친구, 그런 친구가 바로 급식이다.

　이 책은 그런 급식에 대해 좀 더 심층적으로 알아보고 싶은 것과 그중 맛있는 레시피가 무엇인지 알기 위해 집필되었다. 특히 단순히 급식에 대해 알아보는 일반적인 책과는 다르다. 우리 한국국제조리고등학교 학생들이 직접 급식을 만들어 보고 체험을 해보면서 급식실 현장에서 이해하기 위해 노력한 정성이 담겨 있다. 학생들은 다양한 재료를 사용하여 신선하고 맛있는 급식을 조리하면서 단체조리 기술을 실전에서 익힐 수 있었고, 실제 급식실에서의 작업 과정과 현장에서 발생하는 다양한 상황을 경험하며 문제를 해결하는 능력도 키웠다. 이를 통해 학생들은 이론뿐만 아니라 실무적인 지식과 경험을 쌓아나가며 급식 분야에서의 전문성을 키워갈 수 있었고, 이러한 경험을 바탕으로 책을 집필하였다. 또한, 이 책은 급식에 대한 인식을 높이고 학생들에게 급식 분야에서의 역할과 중요성을 명확하게 전하며, 교육적인 측면에서도 큰 가치를 지닐 수 있다.

　이 책이 독자들에게 급식에 대한 새로운 시선을 제공하고, 그 속에 담긴 학창 시절의 따뜻한 감성을 되새기며 즐거움을 선사할 것을 기대합니다.

2번째 책을 출판하면서

- 스쿨북스 동아리장 2학년 정윤선

　안녕하세요. 스쿨북스 동아리장 2학년 제과제빵과 정윤선입니다. 이 책은 대량조리와 급식에 대한 우리 동아리 부원들의 노고와 애정이 가득한 작품입니다. 다양한 지식을 다루는 주제이기에 특별한 관심이 필요하지만, 우리는 최대한 쉽게 이해할 수 있도록 자료를 찾고 정리하며 글을 썼습니다.

　대량조리와 급식에 관한 내용을 쉽게 전달하기 위해 노력했고, 이 책이 관심 있는 분들에게 조금이라도 도움이 될 것으로 생각합니다. 글을 쓰는 동안 학교행사나 기숙사 일정 등에 바쁘게 살아가면서도 모든 부원이 최선을 다해 글을 쓰기 위해 노력했습니다.

　특히, 우리 담당 선생님께서는 많은 도움을 주셨습니다. 글 실력을 향상하고 부족한 부분을 채워주시며 우리 동아리가 원활하게 활동할 수 있도록 많은 지도와 조언을 제공해 주셨습니다. 또한, 동아리 내에서 서로 부족한 부분을 채워주고 함께 성장한 2학년 동급생들, 끈기 있게 따라와 준 1학년 후배들, 제 의견을 소중히 여기고 존중해 준 3학년 선배님들에게도 감사의 말씀을 전하고 싶습니다.

　우리 모두의 노력으로 열심히 쓴 글이니, 독자 여러분이 즐겁게 읽어주시길 바라며 감사드립니다.

Part 1 학교 급식에 대해 알아보자.

1. 급식이란 | 10
2. 급식 장비 사용 설명서 | 13

　　1) 전기 소독고 | 13

　　2) 다단식 취사기 | 14

　　3) 식기 세척기 | 15

　　4) 볶음 솥 | 16

　　5) 냉동 냉장고 | 17

　　6) 양념 분쇄기 | 18

　　7) 오븐 | 19

3. 생산지에서 우리 식판으로 오기까지, 유통 과정 | 20

Part 2 급식에 종사하는 분들과의 진솔한 대화

1. 급식을 직업으로 가지는 분들은 누구일까? | 24
2. 급식 현장의 최전선에서 일하다. 영양사 선생님과의 인터뷰 | 25
3. 군대 급식을 조리했고 현재는 급양 관리 수업하시는, 군 특성화 선생님과의 인터뷰 | 29

Part 3 인기 있었던 급식 레시피!

- 돼지고기 수육 | 36

- 닭 다리 양념치킨 | 38

- 조랭이떡 미역국 | 40

- 오코노미야키 | 42

- 매콤 불고기 | 44

- 한우 소불고기 | 46

- 꼬치 어묵국 | 48

- 셀프새우우리밀또띠아 | 50

- 해물파전 | 52

- 한우 갈비탕 | 54

- 온메밀소바 | 56

- 잔치국수 | 58

- 수제 참치김밥 | 60

- 삼색 연근조림 | 62

- 새우볶음밥 | 64
- 그린 샐러드 | 66
- 꽁보리 쇠고기비빔밥 | 68
- 해물찜 | 70
- 돼지국밥 | 72
- 두부김치 전 | 74
- 태백국물닭갈비 | 76
- 애호박전 | 78
- 시금치 무침 | 80
- 멸치콩조림 | 82
- 닭살 파인애플 조림 | 84
- 부대찌개 | 86
- 진미 더덕 무침 | 88
- 해물 콩나물 찜 | 90
- 돼지고기 목살 김치 조림 | 92
- 마라탕 | 94
- 즉석 배추겉절이 | 96
- 고추잡채 | 98
- 오이소박이 | 100
- 새우 나시고랭 볶음밥 | 102
- 미니우동 | 104
- 안동찜닭 | 106
- 채소 비빔만두 | 108
- 전복 영양죽 | 110
- 모닝빵 햄버거 | 112
- 쫄면 | 114
- 닭개장 | 116
- 어묵 고추볶음 | 118
- 후리카케볶음밥 | 120
- 수제 토마토주스 | 122
- 꽈리고추찜 | 124
- 해물 부추전 | 126
- 딸기 생크림 모닝빵 | 128
- 간단 김밥 | 130
- 애호박 치즈 달걀말이 | 132
- 콘샐러드 | 134
- 가츠멘 | 136
- 인 델리 마크니 풍 치킨텐더 커리 | 138
- 양배추 샐러드 | 140

Part 4. 우리가 급식에 대해 만들다.

1. 왜 우리 급식만 맛이 없을까? | 144
2. 메뉴에 대한 선호도 차이가 나는 이유는 뭘까? | 145
3. 조리고 학생답게! 우리가 급식을 만들다. | 148

Part 5. 후기

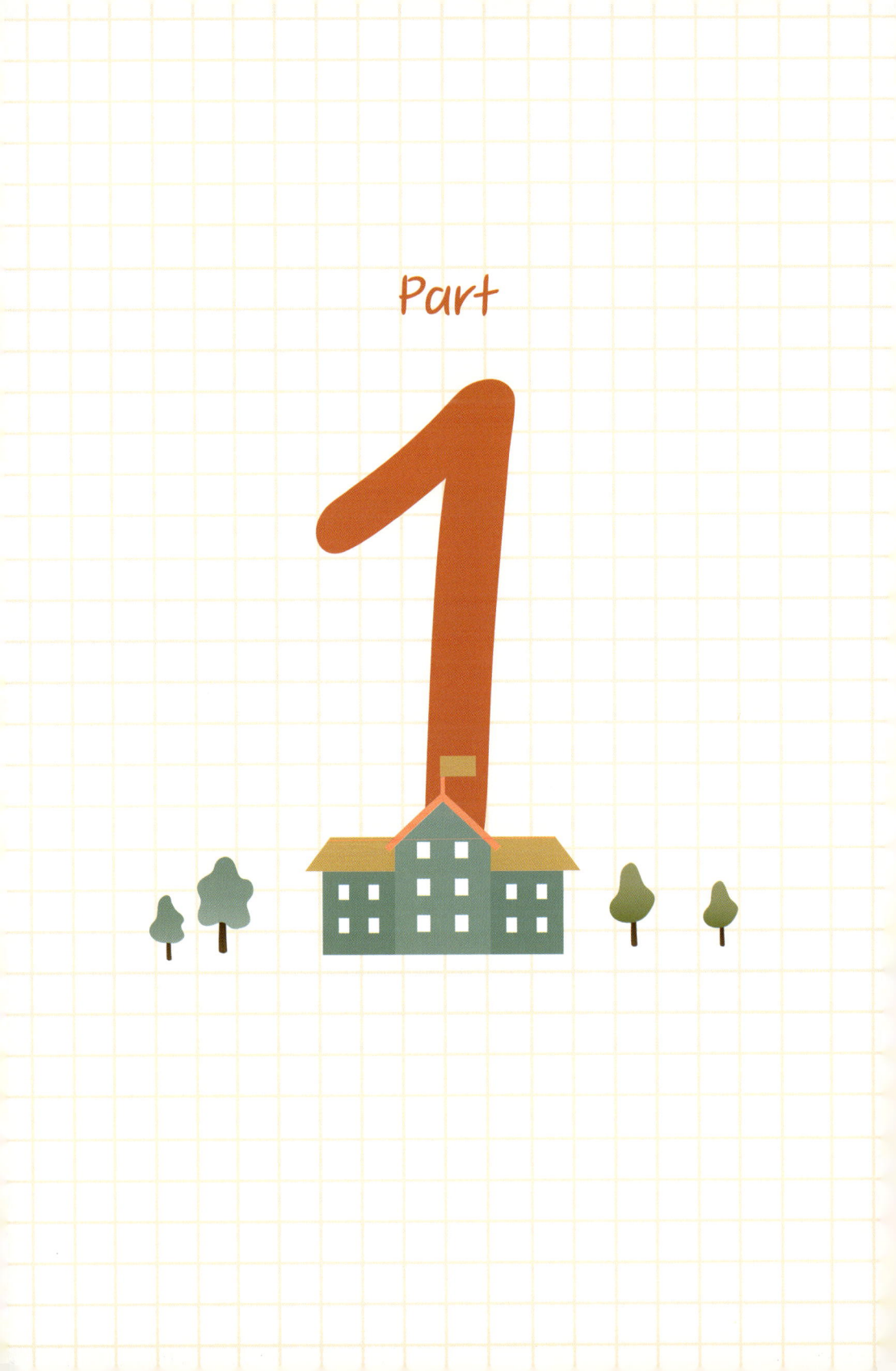

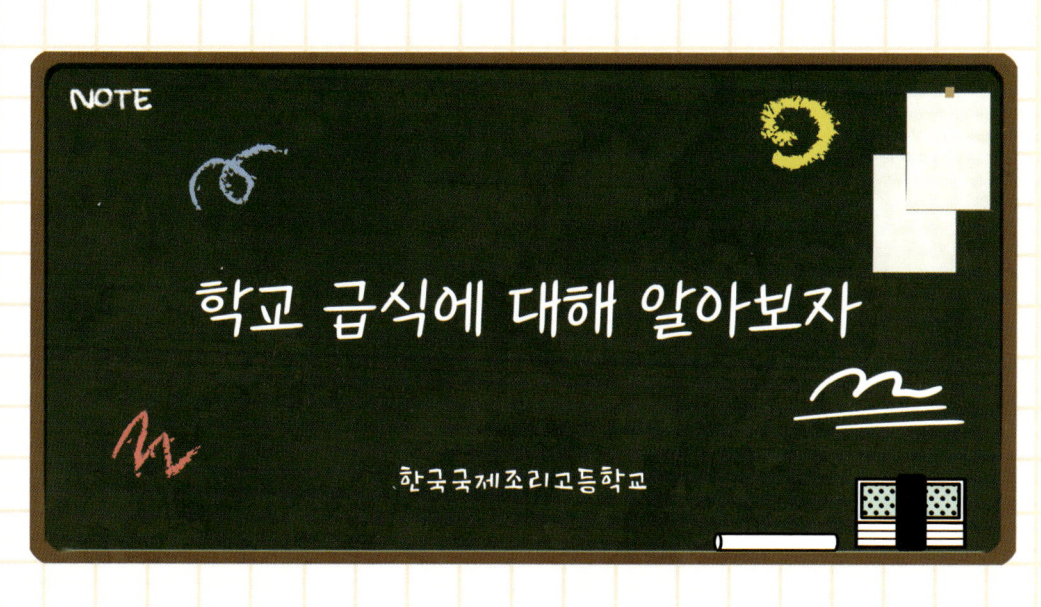

1. 급식이란

먼저 '급식'이란 사전적 의미로는 '식사를 공급함. 또는 그 식사'라고 정의한다. 또한, 법률상으론 '집단급식소'란 영리를 목적으로 하지 아니하면서 특정 여러 사람에게 계속하여 음식물을 공급하는 기숙사 학교 병원 사회복지시설 산업체 공공기관 그 외 후생 기관 중 어느 하나에 해당하는 곳의 급식 시설로서 대통령령으로 정하는 시설을 말한다.

순수 사전적인 의미로서의 '급식'은 많이 쓰이지 않으며, 대체로 '초·중등교육 기관'에서 제공하는 단체 식사에 의미로 많이 쓰인다. 또 학교 외의 기관에서는 급식이라는 용어를 잘 쓰지 않는데, 관공서와 기업에서는 구내식당, 군대에서는 병영식, 병원에서는 환자식, 대학에서는 학식으로, 운수업에서는 기내식으로 명한다. 본 도서에서의 '급식'이란 순수 사전적 의미로서의 '급식'에 의미로 사용한다.

급식의 의미가 사용되며 시행이 된 것까지는 놀랍게도 아직 100년도 안 되었다. 1953년을 시작으로 학교 급식을 구호 급식기(1953-1972), 자립 급식기(1973-1977), 제도 확립기(1978-1981), 관리 체제 전환기(1982-1989), 제도확충/확대기(1990-1995), 운영체제 다변화기(1996), 영양교육 확립기(1997), 급식 확대기(1998-2000)로 전개할 수 있다. 2000년부터 2020년의 과정 동안 무상급식을 지원하기 위한 노력이 진행되었고, 오늘날 우리는 점심을 무상급식으로 먹을 수 있게 되었다.

학교 급식의 도입은 성장기의 아동과 청소년들에게 영양공급을 통해 가정에서 부족한 영양을 충당시켜 건강한 체력과 올바른 식습관 개선을 위한 목적이 있다. 1900년대 초등학교의 영양부족으로 영국 청년 대다수가 군에 입대하기에 허약한 상태인 것이 밝혀지면서, 1906년 영국 의회에서의 식사 제공 법안 통과와 음식 제공에 필요한 시설확보에 학교 관계자들이 노력하여 학교 급식은 급속도로 발전하게 되었다. 우리나라는 1981년 제정된 학교급식법에 근거하여 시작되었다. 초등학교는 1990년에 시작하여 1998년이 되어 전면 급식이 되었다. 이처럼 중·고등학교는 1998년부터 급격한 성장이 시작되며 2003년부터 전면 급식이 시행되었다.

전면급식으로 전환이 된 이후 학교 급식은 성장기 학생들에게 필요한 영양을 공급할 수 있게 되었다. 학교 급식을 통해 심신의 건전한 발달과 편식 교정, 영양교육 및 식습관의 올바른 자세와 협동·질서·책임·공동체 의식을 향상하며, 국민 식생활 개선에 이바지하기 위해 학교에서 교육의 하나로도 급식을 활용하고 있다.

Q. 잠깐? 급식에서 발생한 음식물 쓰레기는 어떻게 해결할까?

급식에서 발생하는 음식물 쓰레기는 매우 많다. 잔반량은 급식에서 중요한 역할을 한다. 급식의 남은 양을 조사하여 선호도가 높은 메뉴를 반영하기도 한다. 잔반 없는 날을 운영하여 잔반량을 줄이기 위한 노력을 하고 있다. 최근 환경문제와 더불어 잔반을 재활용하기 위한 다양한 연구가 진행되고 있다.

음식물 쓰레기를 재활용하는 것은 매립하거나 소각처리로 발생하는 문제점을 사료화와 퇴비화로 해결할 수 있다. 사료와 퇴비로 활용하는 방법은 최근 사룟값 상승에 따라 축산농가의 비용을 절감하는 방안이 될 수 있다. 그러나 음식물 쓰레기의 수거 시간이 늦어지면 변패의 가능성이 커 위생상 문제가 될 수 있으므로 주의가 필요하다.

2. 급식 장비 사용 설명서

1) 전기 소독고

전기 소독고는 선반형과 밀차형으로 구분한다. 또한 선반 분리와 타공 선반 장착이 가능하며 약4~6KW가 소독할 수 있다.

<사용 방법>

1. 식기 소독고 내부에 식기를 잘 정돈하여 흐트러지지 않게 넣는다.
2. 식기 소독고의 전원 버튼을 눌러 전원을 킨다.
3. 식기 소독고의 문을 닫는다.

<세척하는 방법>

세척은 주 1회로 필요시에 하고 세제는 중성, 약알칼리성 세제를 사용한다.

1. 전원을 차단한다. (식사를 넣기 전 비어 있을 때 실시함)
2. 타공 선반을 분리하고 내·외 벽을 세제로 닦고 40°C정도의 먹는 물로 씻는다.
   (전기 패널에 물기가 닿지 않도록 주의)
3. 물기를 제거한다 (소독된 마른행주로 물기를 닦아냄) 소독은 염소소독(100ppm)으로 소독한 후 젖은 행주로 닦아내고 마른행주로 물기를 제거한다.
   (소독고를 보관의 용도로 사용할 때 반드시 소독 시행)

2) 다단식 취사기

다단식 취사기는 가스 직화식 스팀식으로 나누어지며 200~600인분을 만들 수 있다.

<사용 방법>

1. 전원 및 가스 밸브를 연다.
2. 밥솥을 내부 벽에 닿을 때까지 밀어 넣는다.
3. 밥 짓기 버튼을 누른다. 버너에 불이 붙는 것을 확인한다.
4. 현재 온도가 설정 온도에 도달하면 버너가 소화되고, 뜸 램프가 켜지면서 뜸이 생긴다.
5. 뜸 들이기가 끝나면 완료 램프에 불이 켜지면서 멜로디가 울린다.
6. 밥 짓기가 완료되면 전원 및 가스 밸브를 잠가 놓는다.

<세척하는 방법>

세척은 하루에 1번 실시하고 세제는 중성, 약알칼리성 세제를 사용한다.

1. 스팀 밸브, 가스 밸브를 모두 잠근다.
2. 취사기의 내부를 세제로 닦고 40℃ 정도의 먹는 물로 씻어낸다.
3. 취사기에 밥통과 스팀 취사기의 속 배관 부분은 전용 약품으로 씻는다.
4. 가스 호스, 콕, 가스 개폐 손잡이 씻는다. 소독은 염소소독(100ppm)으로 소독한 후 젖은 행주로 닦아내고 마른행주로 물기를 제거한다.

3) 식기 세척기

식기 세척기는 물탱크 2개와 드라이 1개로 이루어져 있으며 스팀식과 드라이식이 있다.

<사용 방법>

1. 각 세척조의 배수밸브 및 문을 잠근다.
2. 사용 20~30분 전에 제어 상자 앞에 있는 전원 버튼을 켜면 각 물탱크에서 물이 차기 시작하고 급수가 완료되면 물탱크 가열 스팀이 공급된다.
3. 물탱크 온도가 55~60°C가 되면 운전 버튼 켜고 컨베이어와 세척펌프가 작동하며 사용할 수 있다.
4. 운전 버튼을 작동한 후 식기를 넣는다. 세척기 내부 높이보다 큰 식기는 투입하지 않도록 한다.
5. 세척되어 나오는 식기를 순서대로 꺼내어 정리한다.

<세척하는 방법>

세척은 하루에 1번 이상
(스케일제거: 학기에 1회 실시)하고 세제는 중성, 약알칼리성 세제를 사용한다.

1. 전원과 스팀 밸브를 차단한다.
2. 각 부의 분리 가능한 기기는 분리하여 세제로 닦는다
   (오물 여과 받침, 커텐, 노즐을 분리하여 청소)
3. 세척기 내, 외부를 호스를 이용하여 청소한다. 세척기 내부의 냄새 제거 및 건조를 위하여 전면 문을 열어두고, 이후 소독은 커텐을 소독한다. 염소소독(100ppm)으로 소독한 후 건조하여 부착한다.

4) 볶음 솥

볶음 솥은 200~500인용이며 국솥, 튀김 솥으로 사용할 수 있다.

<사용방법>

1. 매인 밸브, 중간밸브를 열고 점화봉에 불을 붙인다.
2. 사용할 버너에 점화봉을 대고 밸브를 열어 점화시킨다.
3. 점화 시에는 점화봉 밸브를 잠그고 점화 여부를 확인한다.
4. 핸들을 돌려 국솥의 위치를 수평으로 놓고 안전핀으로 고정한다.
5. 조리가 끝나면 버너의 밸브를 잠그고 소화 여부를 확인한다.
6. 사용 후 솥은 세워둔다.

<세척하는 방법>

세척은 사용 후에 시행하고 세제는 중성세제를 사용한다.

1. 스팀 밸브와 가스 밸브를 잠근다.
2. 안의 내용물을 흐르는 물로 헹구어 낸 후 안, 밖을 세제로 닦는다.
3. 주물 솥의 찌든 때는 사용 후 매일 긁어내어 청결하게 관리한다.
4. 소독은 요오드(25ppm) 또는 염소액(200ppm)을 분무하여 1분 이상 자연건조 시킨다. 그리고 작업 전 알코올(70%)을 분무하거나 열탕 소독 후 사용한다. (무쇠솥의 경우 가열 건조 후 식용유를 발라 놓음)

5) 냉동 냉장고

냉동 냉장고는 총 4개의 문이 있으며 오른쪽 위에 있는 온도조절기로 좌우의 온도를 조절할 수 있다.

<세척하는 방법>

세척은 주 1회로 필요시에 실시하고 세제는 중성, 약알칼리성 세제를 사용한다.

1. 전원을 차단한다.
2. 냉장고의 내용물을 다른 냉장고로 옮긴 후 성에를 제거한다.
   (식품의 내부 온도 상승 억제)
3. 선반을 분리한 후 스펀지에 세제를 묻혀 닦고 40℃ 정도의 먹는 물로 씻어낸다.
   (내·외벽, 문, 선반, 손잡이, 패킹 세척)
4. 소독은 염소소독(100ppm)으로 소독한 후 젖은 행주로 닦아내고 마른행주로 물기를 제거한다.

6) 양념 분쇄기

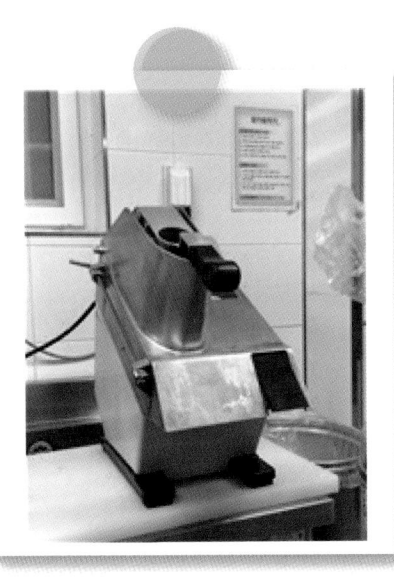

양념 분쇄기는 마늘분쇄, 고기 분쇄도 가능하며 다지는 용도로 조절할 수 있으며 약150kg/h를 한 번에 분쇄할 수 있다.

<세척하는 방법>

세척은 하루에 1번 이상하고 세제는 중성, 약알칼리성 세제를 사용한다.

1. 전원을 차단한다.
2. 분리할 수 있는 부속품은 모두 분리하여 남은 음식물 찌꺼기를 제거한다.
    (분리한 부속품은 바닥에 놓지 않음)
3. 본체 및 부속품을 씻는다.
4. 본체(기계 부분)는 세제가 묻은 행주로 오염된 것을 닦아낸다.
5. 부속품(칼날, 받침대)은 남은 음식물 찌꺼기를 제거한 후 먹는 물로 씻는다.
6. 전용 솔 또는 수세미에 세제로 적셔 문지르고 40°C 정도의 먹는 물로 세제를 씻는다.
7. 소독은 본체 및 부속품을 각각 소독하고 부속품은 청결한 보관고에 보관한다.
8. 알코올(70%)이나 요오드(25ppm)를 구석구석 분무한 후 건조 시키고 염소액(100ppm)을 깨끗한 행주에 묻혀 닦고 5분간 방치 후 행주에 먹는 물을 적셔 소독액을 제거한다.

7) 오븐

오븐은 전기와 가스로 나누어지며 90~600인분을 만들 수 있다.

<사용 방법>
1. 전원 버튼을 눌러 켠다.
2. 표지판에 "Flush steam generator?"라고 표시되고 그 아래 시작/정지 버튼을 누르면 자동으로 물을 교환하기 시작한다.
3. 스팀제너레이터의 물을 교환하지 않으려면 "No"를 선택하고 시작/정지 버튼을 누른다. 스팀제너레이터가 물을 자동으로 교환한 공정이 완전히 끝나야 프로그램 버튼을 선택하여 조리를 시작할 수 있다.
4. 자동으로 배수를 시작하고 물을 다시 채우기까지 대략 5분 정도 소요된다.

<세척하는 방법>
세척은 하루에 1번 사용 후 실시하고 세제는 전용세제로 사용한다.
1. 전원 및 물을 잠근다.
2. 물통의 물을 모두 빼고 깨끗한 물을 공급하여 밖으로 빠져나올 때까지 배수밸브를 열어둔다.
3. 오븐의 내부 온도를 70°C 정도 되게 하고 오븐 전용세제를 구석구석 고루 분사하여 문을 닫고 정해진 시간만큼 방치 후 10분간 스팀을 공급한다.
4. 부착된 핸드 샤워를 이용하여 내부를 깨끗이 청소한다.
5. 오븐 외부를 세제로 청소하고 깨끗한 행주로 닦아낸다. (핸드 샤워를 이용한 세척 금지)
6. 소독은 오븐 팬의 소독, 건열 소독 또는 염소 소독을 한 후 청결한 보관고에 보관한다.

3. 생산지에서 우리 식판으로 오기까지, 유통 과정

　급식 유통은 그 식사를 생산자에서 소비자, 수요자에 도달하기까지 여러 단계에서 교환되고 분배되는 활동이라고 한다. 급식 유통은 발주, 납품, 물품센터, 배송, 검수 조리 및 배식으로 이루어져 있다. 학교에서 영양사가 급식 식단을 짠 후 발주 표를 작성하여 학교 급식 센터로 보낸다. 센터에서 표를 보고 공급업체나 지역 농협에 식자재 입고 요청을 한다. 공급업체에서 계약한 농가가 식자재 납품을 하고 납품 받은 공급업체가 급식 센터를 통해 학교에 식자재가 공급된다. 공급된 식자재를 발주 표와 비교하거나 검수하여 이상이 없는지 확인하고 전처리 및 조리 작업을 하게 된다.

　학교 급식 센터는 우리 학교뿐만 아니라 다른 학교에서도 보내준 발주 표를 보고 지원비를 제공한다. 발주에 오류가 없는지 확인하고 입고된 재료들을 모아서 각 학교 발주에 맞게 납품한다. 식자재를 납품하는 업체들은 대부분 그 지역의 농협이나 단체급식 유통업체들을 많이 이용하고 있다. 또한, 업체와 계약한 농가들은 단체급식을 목적으로 하여 재배하는 농가로 학생들의 건강 및 위생에 의해 친환경 농가와 계약을 주로 맺는다.

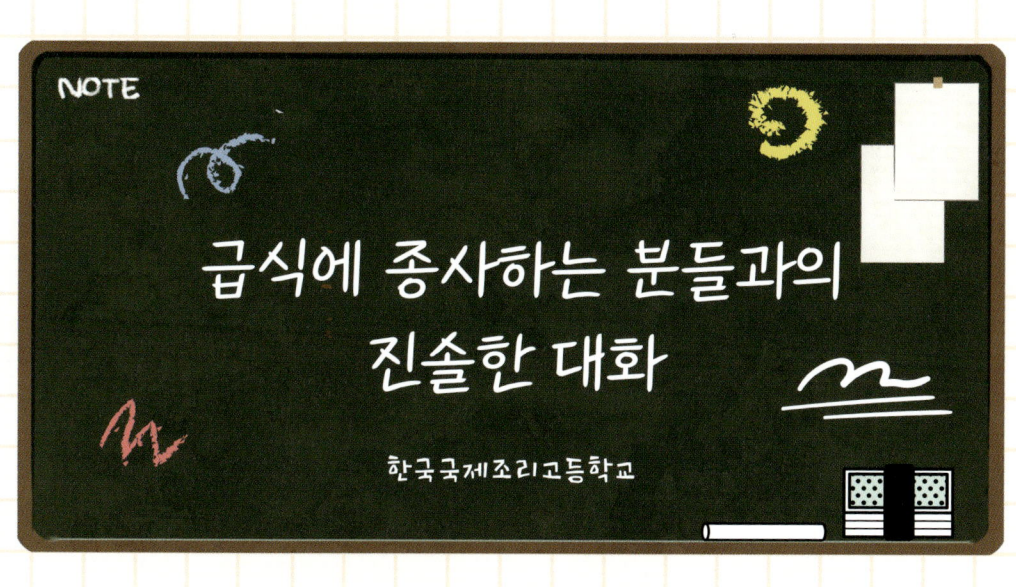

1. 급식을 직업으로 가지는 분들은 누구일까?

급식의 종사자는 조리 자격증과 단체급식, 영양과 관련된 자격증을 보유하고 있어야 한다. 관련 직업으로는 한식 조리사, 양식 조리사, 일식 조리사, 푸드스타일리스트, 음료 조리사 등이 있다. 따라서 단체급식 조리사는 병원, 학교, 기업의 구내식당 등에 취업하게 된다. 영양사는 개인과 집단의 균형 잡힌 식단 제공을 위해 전반적인 급식 서비스 계획 및 조리, 공급 관리 감독을 수행하는 전문가를 칭한다. 학교, 기관, 돌봄 시설 등에서 위와 같은 업무를 수행하는 동시에 급식과 관련된 인사 및 기구 관리 등도 함께 총괄한다고 보면 된다. 그만큼 영양 및 식이요법에 대한 전문 지식도 필수로 갖춰야 한다. 영양사가 수행해야 할 업무는 국민영양관리법에서 규정하고 있다. 주요 업무로 건강 증진 및 환자를 위한 영양, 식생활 교육 및 상담, 식품영양 정보의 제공 식단 작성, 음식 검사와 배식 관리, 구매 식품의 검수와 관리, 급식 시설의 위생적 관리, 집단급식소의 운영일지 작성, 종업원에 대한 영양지도 및 위생교육 등이 있다.

2. 급식 현장의 최전선에서 일하다. 영양 선생님과의 인터뷰

영양교사 우숙이 선생님

Q. 본인 소개 한번 부탁드립니다.

A. 저는 대구에 있는 학교에서 급식 영양교사 15년, 식품 교수 13년 그리고 영양학 단체 급식 박사 학위를 가지고 있습니다. 현재는 한국국제조리고등학교에서 학생들의 건강과 영양을 생각하는 영양교사로 일하고 있습니다.

Q. 영양교사를 선택하신 이유가 있나요?

A. 원래 조리를 좋아하고 조리하면서 보니, 조리가 영양과도 관련이 깊어 조리분야와 식품영양학을 같이 공부하였습니다. 그런데 동시에 공부하다가는 둘 다 반쪽짜리가 될 것 같아서 영양학을 공부했습니다. 영양학을 선택한 이유는 직접 식단을 짠 뒤 조리하는 것이 좋아하기 때문입니다.

Q. 대학교에서 근무하셨었는데 고등학교 영양교사를 선택하신 이유가 있나요?

A. 위와 같이 대학에서 영양학에 관해서만 공부하기보단 단체급식과 조리를 병행하여 현장에서 더욱더 공부하고 성장해 나가기 위해서입니다.

Q. 학교 단체 급식 경력은 어떻게 되시나요?

A. 저의 단체 급식 경력은 15년, 겸임교수 11년까지 포함하면 총 26년입니다.

Q. 총 26년 동안 영양사로서 생활하셨는데 영양사의 장점 같은 것이 있나요?

A. 장점이라기보단 자신이 영양사로서 긍지가 있고 조리만 하는 조리사들은 영양학적으로 열량이나 권장 섭취량 등을 조절해야 하는데 영양사를 하면 그 모든 것을 배우고 조리에 쓸 수 있습니다.

Q. 학교 단체 급식의 목적이 무엇인가요?

A. 학교 단체 급식의 목적은 식습관을 바꾸면서 올바른 영양을 섭취하고 급식에는 조미료를 사용하지 못하고 염도를 0.6‰ 이상 올리지 못하게 되어있어서 자라나는 학생들에서 더욱 영양가 있고 건강한 급식을 제공하는 것으로 생각합니다.

Q. 조미료가 첨가되지 못하고 소금으로 간하는 것에도 제한이 있는데 맛을 내는 방식에는 어떤 것이 있나요?

A. 천연 조미료 멸치, 다시마, 표고 등의 조미료 등을 사용하여 맛을 냅니다.

Q. 학교 단체급식의 앞으로의 방향성은 어떻게 생각하시나요?

A. 현재 환경문제가 점점 심각해지고 있기에, 아무래도 급식도 채식을 위주로 하는 비건 쪽으로 바뀔 것으로 생각합니다.

Q. 채소 위주의 식단으로 점차 변화될 가능성이 있군요. 그렇다면 청소년기에는 필수 영양소가 다 들어있는 소고기 같은 식품이 좋은 것으로 알고 있는데, 고기가 주는 영양소들을 대체할 수 있는 채소들이 있을까요?

A. 대표적으로는 제일 많은 영양소가 들어있는 콩이 있고, 표고, 해산물 등이 있습니다. 이 식자재들을 사용하는 이유는 단백질이 많이 함유되어 있기 때문입니다.

Q. 학교 급식을 하시면서 뿌듯하신 점이 있으신가요?

A. 어느 날 학생 목에 가시가 걸려서 구해준 일이나 알레르기가 있는 음식을 잘못 먹은 학생을 도와준 일 그리고 제가 도움을 주어 학생들이 크고 작은 상들을 수상하였습니다. 이후 학생들에게 가끔 안부 편지가 오는 점들이 뿌듯한 점인 것 같습니다.

Q. 오오! 저도 뿌듯함이 느껴지는 것 같습니다. 그렇다면 학교 급식을 하시면서 느끼시는 자부심을 느끼신다면 어떤 부분에서 느끼시나요?

A. 아무래도 학교 급식을 하면 급식 대상이 학생이기 때문에 1학년 때부터 봐 온 학생을 3학년까지 보게 됩니다. 그때 그 학생의 홀쭉했던 얼굴이 건강해지고 활기차졌을

때 내가 잘하고 있구나 하고 자부심을 느껴요. 그래서 과일 하나를 줄 때도 부모님의 마음으로 줍니다.

Q. 반대로 대량조리의 힘든 점은 무엇인가요?

A. 아무래도 대량으로 음식을 조리하다 보니 1인 조리법에 맞추기 힘들고 한 번 실수하면 몇백 명이 피해를 보는 점 등이 힘든 것 같습니다. 아울러 식자재의 양이 많은 게 가장 힘들고, 양념 같은 소스류를 만들 때 배합이 제일 어려운 것 같습니다.

Q. 그렇군요. 그렇다면 선생님은 대량조리가 무엇이라고 생각하시나요?

A. 대량조리란 병원 산업체, 군부대, 학교 등 급식을 먹는 사람이 고정적이면서 영리를 목적으로 하지 않고 영양사가 투입되는 것이 대량조리라고 생각합니다.

Q. 대량조리는 50인 이상의 비영리 목적이 정의인 것으로 알고 있는데 50인 이상을 단체급식으로 정의하고 있는 이유가 있을까요?

A. 예전에는 영양사가 상주하는 조건이 100명 이상이어야 가능했습니다. 그러나 식품위생법이 개정되면서 50인 이상으로 바뀌었는데, 이는 정부에서 단체급식을 중요시하고 있기에 바뀐 변화입니다.

Q. 영양 교사를 생각하고 있는 학생들에게 도움이 될 만한 말을 해 줄 수 있는 게 무엇이 있을까요?

A. 일단은 본인의 의지가 가장 중요합니다. 영양 교사로서 자부심과 책임감이 갖추고 하고자 하는 마음이 있는 사람이 영양 교사를 하는 것이 좋습니다.

3. 군대 급식을 조리하고 지금 현재는 급양 관리 수업하시는, 군 특성화 선생님과의 인터뷰

군 특성화 정학재 선생님

Q. 본인 소개 한번 부탁드립니다.

A. 저는 군 급양 조리 분야에서 조리 특기로 35년간 근무했었고 다양한 직책도 수행하였습니다. 전역 후에는 한국국제조리고등학교에서 군 특성화 교사로 2021년부터 지금까지 근무하고 있습니다.

Q. 군 급양 조리 분야는 어떤 병과인지 설명해 주실 수 있나요?

A. 군 급양 관련 조리병과는 육군 병참병과에서 세분된 조리 병과로 군 급양의 중요성에 중점을 둔 전문화된 조리 기술 병과입니다.

Q. 군 보직에서도 여러 가지 병과가 있는데 급양 조리 분야를 선택하신 이유가 있나요?

A. 급양 조리 병과를 선택한 이유로 제일 큰 이유는 군대에서 국방 장학생으로 선발되어 전공한 학과가 식품영양학이었고 조리 분야가 적성에 맞아 자연스럽게 조리 병과를 택하게 되었습니다.

Q. 군에서 급양 관리관으로 전역하셨는데 군 특성화 교사로 근무하시게 된 이유가 있나요?

A. 군에서 다양한 보직과 여러 가지 임무 수행을 했습니다. 그중 나의 특기가 조리였고 가장 잘할 수 있고, 또한, 훌륭한 우리 학교에서 멋있는 제자들을 양성할 좋은 기회가 주어져 근무하게 되었습니다.

Q. 대량조리가 무엇이라고 생각하시나요?

A. 대량조리란 50인 이상 단체조리를 하는 것 군대 조리는 전체가 대량조리라고 할 수 있습니다.

Q. 대량조리의 목적은 무엇이라고 생각하시나요?

A. 대량조리의 목적은 군대에 인원들이 많으므로 군대 대량조리를 통하여 영양소 흡수도 제대로 하고 든든한 식사를 가능하게 하는 것이 군대 대량조리의 목적이라고 생각합니다.

Q. 군 대량조리에서는 아무래도 군부대이기 때문에 식자재 보급 등이 일반 단체급식 시설보다는 어려울 것 같은데 해산물이나 고기 등 여러 가지 식자재들이 잘 들어오는 편인가요?

A. 군 대량조리의 식자재 보급은 철저한 검수 체계를 거쳐서 대한민국 최고의 식자재가 보급된다고 자부합니다. 모든 분야의 전문가들로 구성되어 농, 수, 축산물 등이 체계적인 절차를 거쳐서 철저한 식품 검사 및 안전하게 포장되어 군에 보급됩니다.

Q. 대량조리의 장점은 무엇이라고 생각하시나요?

A. 아무래도 장점은 많은 사람이 한꺼번에 많은 영양소와 건강을 공급받을 수 있는 것이 대량조리의 장점이라고 생각합니다.

Q. 그래도 단체 급식보다는 소량으로 하는 조리가 영양소 공급이 더 쉬울 것 같은데 대량조리를 하면서도 맛과 영양소를 높일 수 있나요?

A. 단체급식의 영양소 공급은 오히려 소량조리보다 더 용이하다고 생각합니다. 우선 소량조리보다는 더욱 깊은 맛과 다양한 영양소를 어우러지게 요리할 수가 있고, 또한 진정한 조리 기술은 대량조리에서 나온다고 해도 과언이 아닙니다. 실제로 큰 식당의 맛집도 대부분 대량조리로 이루어지는 것을 알 수 있습니다.

Q. 그러면 대량조리의 힘든 점은 무엇인가요?

A. 많은 인원이 식사하는 대량조리이기 때문에 소량조리보다 질이 떨어지는 것은 어쩔 수 없어도 간을 못 맞추거나 맛이 균일하지 않은 것들이 힘든 점이라 생각됩니다.

Q. 식수 인원에 따라 단체급식의 양이 많이 달라질 것 같은데 식수 인원이 많은 부대는 단체급식을 하는 팁 같은 것이 있을까요?

A. 식사 대상 인원이 1,000명을 넘어가면 대규모 조리장비와 자동화된 시설이 필요합니다. 또한, 조리 업무는 분야별로 전문화되어야 합니다. 우리 학교 출신의 숙련된 조리 인력이 충분히 양성되어야 최상의 결과를 얻을 수 있을 것입니다. 이는 대량조리에서 성공적인 조리를 위한 중요한 지침 중 하나로 볼 수 있습니다.

Q. 군 단체 급식 경력은 얼마나 되시나요?

A. 제 경력 같은 경우는 부식을 보급하는 업무와 매 끼니 2,000명 이상이 되는 대량조리 업무 등 군 생활 35년 중 단체 급식 경력은 20년 이상 되는 것 같습니다.

Q. 부식을 보급한다고 하셨는데 군부대에 사용하는 부식들은 어떤 종류가 있나요?

A. 군 부식을 보급하는 곳은 군대에서 급양대라고 하는 전문부대가 전국도 및 대도시 등에 자리 잡고 있습니다. 이곳에서 군에서 필요한 모든 주·부식 재료를 공급합니다. 물론 우리나라에서 생산되는 모든 농산물, 수산물, 축산물을 제공하고 수입품은 공급하지 않으며 100% 국산 제품으로 보급됩니다. 종류는 우리 사회가 취급하는 모든 식재료와 모든 공산품입니다.

Q. 군 대량조리 기술을 전역 후에도 사용할 수 있을까요?

A. 물론이죠, CJ, 현대푸드, 풀무원 등 여러 대형기업이 대량조리를 진행하고 있어 군대에서의 대량조리 경험은 사회에 나와서도 크게 활용할 수 있는 좋은 경험이라고 생각합니다.

Q. 그렇다면 군 대량조리 기술을 토대로 영양교사나 조리 공무원 쪽으로도 갈 수 있나요?

A. 영양교사나 조리 공무원으로 가는 길은 당연히 우리에게는 유리하다고 할 수 있습니다. 현재 군에서는 실력 있는 조리 인력들이 필요하고, 우리 군 특성화 졸업생들은 일정 기간 군 복무 후 조리 공무원 진출을 원하면 경력 채용이라는 좋은 제도가 있습니다. 영양교사 또한 군에서 지원하는 교육프로그램과 본인의 의지만 있으면 충분히 진출할 수가 있습니다.

Q. 그렇군요. 그러면 군 대량조리가 앞으로는 어떻게 될 것 같으신가요?

A. 군 대량조리는 현재 큰 변화를 겪고 있습니다. 기술과 인력의 도입으로 자동화가 진행되면서 간단한 조리 방식으로의 전환이 이뤄지고 있습니다. 그러나 맛과 영양을 유지하려면 여전히 숙련된 조리사가 필요합니다. 특히 한식 중심의 군 대량조리 기술 인력은 사회에서 다양한 직무를 수행할 수 있는 기회가 많을 것으로 기대됩니다. 군 급양 관리관뿐만 아니라 영양사나 조리 공무원으로서도 밝은 전망을 가질 것으로 생각됩니다.

Q. 전망이 밝다고 말씀해 주셨는데, 그렇다면 선생님께서 생각하시는 영양사와 조리 공무원의 장점이 있나요?

A. 우리 조리 분야의 전망은 아시다시피 우리나라도 선진국이며 세계적으로 K 문화가 이슈이며 K푸드가 세계적인 식문화로 자리 잡을 수가 있습니다. 그러므로 우리들이 좀 더 기술을 연마하고, 창의적으로 생각한다면 어느 분야보다도 전망이 밝다고 판단됩니다. 또한 조리 공무원은 모든 공무원처럼 우리 조리 기술로 안정된 공무원의 길도 갈 수 있다는 장점이 있습니다.

Q. 그럼 마지막으로 군 대량조리 종사자에게 해 주고 싶은 말이 있으신가요?

A. 전체적으로 조리 인들은 고객들을 위해서 제대로 된 음식을 제공하고 제대로 된 영양소를 흡수할 수 있도록 매사에 최선을 다해야 한다고 생각합니다.

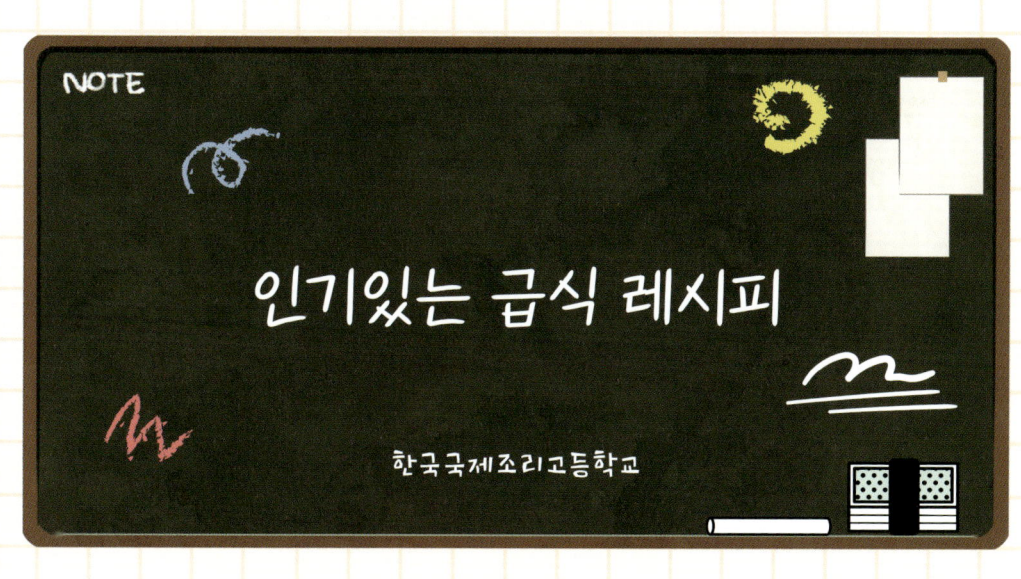

돼지고기 수육

☑ 재료 및 분량 (290인 기준/kg)

돼지고기 (삼겹살, 편육용) 15kg

청주 0.2kg

통계피 0.1kg

커피 0.01kg

돼지고기 (목살, 수육용) 20kg

마늘 0.5kg

건조 감초 0.1kg

양파 2kg

대파 0.6kg

생강 0.1kg

된장 2kg (양념장 포함)

☑ 재료 및 분량 (1인 기준/g)

돼지고기 (삼겹살/편육용) 50g

청주 0.01g

통계피 0.01g

커피 약간

돼지고기 목살, 수육용 50g

마늘 0.5g

건조 감초 0.01g

양파 5g

대파 3g

생강 3g

된장 10g

제공된 식단

1. 홍국 쌀밥
2. 오색 잔치국수(쌀 면)
3. 방울토마토
4. 돼지목살 수육
5. 쌈 모둠 / (쌈추, 오이, 풋고추, 양배추)/ 쌈장
6. 부추 양파 겉절이

조리과정

1. 돼지고기(목살, 삼겹살 사용)는 덩어리째 찬물에서 핏물을 제거한다.
2. 고기가 잠길 정도의 물을 넣고 끓으면 감초, 계피, 커피, 생강, 된장과 함께 약 50분 정도 삶아서 얇게 썰어준다.
3. 식판에 정량씩 배식한다.

조리과정 TIP

수육은 찬물에서부터 고기를 넣으면 안 된다. 단백질의 맛난 맛이 국물에 우러나기 때문이다. 목살과 삼겹살로 수육을 만들어야 부드럽고 맛있다.

닭 다리 양념치킨

✓ 재료 및 분량 (280인 기준/kg)

닭 다리 35kg 후추 0.01kg
튀김가루 1.5kg 생강 분말 0.02kg
치킨 튀김가루 1.5kg
콩기름 1.5kg
청주 0.2kg
볶은 땅콩 0.5kg
마늘 0.2kg
양파 0.5kg
물엿 0.8kg
간장 0.3kg
고추장 0.5kg
맛술 0.5kg
토마토케첩 1.5kg

✓ 재료 및 분량 (1인 기준/g)

닭 다리 120g 후추 0.01g
튀김가루 7g 생강 분말 0.02g
치킨 튀김가루 5g
콩기름 6g
청주 2g
볶은 땅콩 2g
마늘 2g
양파 5g
물엿 5g
간장 3g
고추장 4g
술 3g
토마토케첩 5g

제공된 식단

1. 혼합 잡곡밥
2. 순대국밥
3. 닭 다리 양념치킨
4. 배추김치
5. 솔나물 무침
6. 배추김치
7. 오렌지

조리과정

1. 닭고기 북채는 세척 후 생강 분말, 청주, 후춧가루를 넣고 밑간한다.
2. 1에 마른 가루 튀김가루를 만들 때는 치킨 튀김가루 혼합으로 튀김옷을 입힌다.
3. 튀김 솥에 콩기름을 부은 후 온도를 올려서 170~180℃ 바삭하게 2번 튀긴다.
4. 양념 소스 만들기- 물엿, 설탕, 간장, 고추장, 토마토케첩, 마늘, 물약간 넣고 소스를 끓이다가 졸이듯이 은근히 끓이면서 마지막에 물엿을 넣고 잠시 더 끓인다.
5. 소스에 튀긴 닭고기를 넣고 센 불에서 재빨리 버무리듯이 잠시 졸인 다음 식판에 배식한다.

조리과정 TIP

닭 다리, 닭봉은 반드시 튀기면서 온도계로 중심 온도를 확인해야 한다.

조랭이떡 미역국

☑ **재료 및 분량 (285인 기준/kg)**

건 미역 2kg

마늘 0.1kg

간장 1kg

한우 양지 4kg

멸치액젓 0.8kg

소금 0.1kg

조랭이떡 5kg

참기름 0.3kg

☑ **재료 및 분량 (1인 기준/g)**

건 미역 15g

마늘 0.1g

간장 0.5g

한우 양지 15g

멸치액젓 0.7g

소금 0.1g

조랭이떡 20g

참기름 0.1g

제공된 식단

1. 햄 볶음밥
2. 조랭이떡 쇠고기미역국
3. 김구이
4. 식물성 요구르트
5. 순두부/양념장
6. 배추김치

조리과정

1. 건 미역은 찬물에 불려서 먹기 좋은 크기로 자른다.
2. 쇠고기는 핏물 제거 후 밑간해 둔다.
3. 불린 미역과 쇠고기를 팬에 참기름을 넣고 볶은 후 절반의 물을 넣고 끓인다.
4. 어느 정도 끓여지면 조랭이떡을 넣어 떡이 끓어오르면 간을 맞춘다.
5. 식판에 정량씩 배식한다.

조리과정 TIP

미역국이나 해산물이 사용되는 국에는 멸치액젓과 간장, 소금으로 간한다.

오코노미야키(양배추 전)
(본교 2학년 조민지 제안 레시피)

☑ **재료 및 분량 (285인 기준/kg)**

양배추 6kg
부추 1kg
칵테일새우 3kg
오징어 4kg
달걀 1.5kg
부침가루 2kg
콩기름 1.5g
돈가스 소스 1kg
치즈 4kg

☑ **재료 및 분량 (1인 기준/g)**

양배추 25g
부추 5g
칵테일새우 10g
오징어 12g
달걀 6g
부침가루 7g
콩기름 0.5g
돈가스 소스 0.5g
치즈 15g

제공된 식단

1. 흑미 기장밥
2. 장각 전복 삼계탕
3. 오코노미야키
4. 쫄면
5. 친환경 딸기
6. 호상 요구르트(월)
7. 감자조림

조리과정

1. 양배추는 세척 후 채 썰어 준비한다.
2. 부추는 양배추와 같은 길이로 준비한다.
3. 칵테일새우는 세척 후 약간 다져서 후추, 생강즙 밑간한다.
4. 오징어는 다짐으로 준비한다.
5. 볼에 튀김가루, 밀가루, 달걀로 반죽해서 준비된 재료를 넣고 오븐에 굽는다.
6. 다 구워지면 피자 치즈를 얹고 약 2분 정도 더 구워준다.
7. 식판에 정량씩 배식한다.

조리과정 TIP

오코노미야키는 채소와 해산물을 섭취할 수 있는 효과적인 조리법이다.

매콤 불고기

✅ **재료 및 분량 (150인 기준/kg)**

마늘 0.3kg

키위 0.5kg,

생강 분말 0.01kg

새송이버섯 1kg

고추장 1.5kg

고춧가루 0.3kg

맛술 0.3kg

후춧가루 0.01kg

양파 2kg

돼지고기 불고기용 15kg

대파 1kg

설탕 0.2kg

참기름 0.1kg

✅ **재료 및 분량 (1인 기준/g)**

마늘 0.3g

키위 0.1g

생강 분말 0.01g

새송이버섯 7g

고추장 8g

고춧가루 2g

맛술 2g

후춧가루 0.03g

양파 7g

돼지고기 불고기용 90g

대파 1g

설탕 3g

참기름 2g

제공된 식단

1. 흰밥
2. 어묵국
3. 매콤 불고기
4. 동그랑땡 전
5. 찐만두
6. 두부김치

조리과정

1. 양파 (일부), 키위, 마늘은 갈아서 준비한다.
2. 돼지고기는 핏물을 뺀 후 간 마늘, 키위, 양파, 생강 분말로 밑간한다.볼에 고추장, 맛술, 설탕, 참기름을 섞어 양념장을 만든다.
3. 새송이버섯은 세척 후 먹기 좋게 썰어서 오븐에 굽는다.
4. 양파는 굵은 채 썰기하고 대파는 어슷하게 썰어 준비한다.
5. 팬을 달구어 콩기름을 두른 후 대파를 볶아 향을 낸 후 고춧가루로 파기름을 만들어서 돼지고기를 볶다가 볶아지면 양념과 함께 볶는다.
6. 식판에 정량씩 배식한다.

조리과정 TIP

양념은 두 번에 나누어서 하며 청양초를 다져서 넣으면 좋다.

한우 소불고기

✓ 재료 및 분량 (270인 기준/kg)

배 1kg	맛술 0.5kg
당근 1.5kg	청주 0.2kg
마늘 0.5kg	
양파 3kg	
느타리버섯 1kg	
새송이버섯 2kg	
표고버섯 1kg	
인삼 0.4kg	
대파 1kg	
한우 불고기용 23kg	
설탕 1kg	
참기름 0.3kg	
양조간장 1.3kg	

✓ 재료 및 분량 (1인 기준/g)

배 7g	맛술 0.5g
당근 6g	청주 0.3g
마늘 2g	
양파 6g	
느타리버섯 5g	
새송이버섯 7g	
표고버섯 5g	
인삼 3g	
대파 0.6g	
한우 불고기용 90g	
설탕 2g	
참기름 0.5g	
양조간장 0.5g	

제공된 식단

1. 고구마 흑미밥
2. 청국장찌개
3. 한우 소불고기
4. 깍두기
5. 모둠 과일(샤인 머스켓, 방울토마토, 배)
6. 배추김치 전
7. 만두/ 부추무침

조리과정

1. 쇠고기는 핏물 제거 후 밑간해 둔다.
2. 배, 양파는 갈아서 준비한다. (양파의 일부는 갈고, 나머지는 채 썰기)
3. 핏물 제거된 쇠고기에 2와 맛술·청주·설탕으로 밑간한다.
4. 양파, 당근, 피망은 채 썰고 파와 수삼은 어슷하게 썬다.
5. 느타리버섯은 찢고 표고, 양송이버섯은 적당한 길이로 썬다.
6. 3에 간장·참기름을 넣어 버무린다.
7. 팬을 달군 후 양념한 쇠고기를 볶다가 채소를 넣어 볶는다.
8. 식판에 정량씩 배식한다.

조리과정 TIP

쇠고기 불고기에는 배를 충분히 갈아 넣어야 육질이 부드럽다.

꼬치 어묵국

✓ **재료 및 분량 (180인 기준/kg)**

종합 어묵 8kg 고운 소금 0.1kg
곤약 2kg 청주 0.1kg
마늘 0.3kg 양파 0.5kg
무 5kg
팽이버섯 1kg
쑥갓 1kg
대파 1kg
가다랑어 육수용 0.1kg
다시 멸치 0.5 kg
다시마 0.2kg
까나리액젓 0.1kg
국 간장 0.2kg
고춧가루 0.1kg

✓ **재료 및 분량 (1인 기준/g)**

종합 어묵 60g 고운 소금 1g
곤약 10g 청주 1g
마늘 2g 양파 5g
무 20g
팽이버섯 5g
쑥갓 7g
대파 5g
가다랑어 육수용 0.01g
다시 멸치 5g
다시마 2g
까나리액젓 1g
국 간장 2g
고춧가루 1g

제공된 식단

1. 치킨마요 덮밥
2. 어묵국(떡, 어묵)
3. 배추김치
4. 불맛 불고기
5. 채소 어묵볶음
6. 샤인 머스캣

조리과정

1. 어묵은 꼬치 어묵으로 준비해서 끓는 물에 살짝 데쳐서 찬물에 헹군다.
2. 다시 멸치, 다시마, 무, 양파를 넣어서 국물을 준비한다.
3. 팽이버섯은 밑동을 제거하고 1/2로 잘라서 준비한다.
4. 쑥갓은 세척 후 팽이버섯과 비슷한 크기로 준비한다.
5. 대파는 어슷썰기 한다.
6. 곤약은 썰어서 사방 1cm 끓는 물에 데친다.
7. 무는 국물 준비 시 약 1/2개를 사용하고 나머지는 국거리로 썰어서 준비한다. (2*2cm)
8. 준비된 국물에 어묵과 무를 넣고 끓이다가 대파, 팽이버섯, 쑥갓을넣고 마무리한다.

조리과정 TIP

어묵은 반드시 데쳐서 사용하며, 데친 후 바로 헹궈서 사용해야 꼬들꼬들한 식감의 어묵 맛을 유지할 수 있다.

셀프새우우리밀또띠아

✅ **재료 및 분량 (150인 기준/kg)**

양파 1kg
붉은양배추 1kg
양상추 3kg
적색 파프리카 1kg
또띠아 우리 밀 6인치 3kg
피클 슬라이스 1.8kg
피자 소스 0.8kg
허니머스터드소스 1.5kg
튀김 왕새우 튀김 10kg

✅ **재료 및 분량 (1인 기준/g)**

양파 3g
붉은양배추 3g
양상추 15g
적색 파프리카 5g
또띠아 우리 밀 6인치 20g
피클 슬라이스 7g
피자 소스 6g
허니머스터드소스 7g
튀김 왕새우 튀김 60g

제공된 식단

1. 흰밥/김 가루(자율)
2. 전복 영양죽
3. 셀프새우우리밀또띠아
4. 햄구이
5. 배추김치
6. 혼합 주스

조리과정

1. 양상추, 양파, 세척·소독 후 물기를 제거한다.
2. 오이피클, 양파는 얇게 채를 썬다.
3. 양상추는 물기를 제거하여 넓게 손으로 찢어서 준비한다.
4. 왕새우 튀김은 오븐에 굽거나 튀긴다.
5. 또띠아는 기름을 두르지 않은 팬에 살짝 굽는다.
6. 또띠아에 피자 소스를 바른다.
7. 준비된 양파, 적양배추, 파프리카, 오이피클은 물기를 완전히 제거해서 겨자와 마요네즈를 혼합해서 살살 버무린다.
8. 피자 소스를 바른 또띠아 위에 6의 재료를 얹어서 직접 말아서먹도록 선택 배식한다.

조리과정 TIP

또띠아는 반드시 오븐에 살짝 구운 후 사용한다.

해물파전

✅ **재료 및 분량 (285인 기준/kg)**

홍고추 0.6kg
미나리 3.5kg
콩기름 1.3kg
쪽파 6kg
꽃새우 3.5kg
오징어 5kg
부침가루 3kg
찹쌀가루 1kg

✅ **재료 및 분량 (1인 기준/g)**

홍고추 5g
미나리 10g
콩기름 5g
쪽파 30g
꽃새우 10g
오징어 15g
부침가루 10g
찹쌀가루 5g

제공된 식단

1. 기장 옥수수밥
2. 청국장찌개
3. 해물파전
4. 매콤 불고기
5. 모듬쌈/ 양념된장
6. 모듬과일/ 방울토마토.사과.배
7. 호박죽

조리과정

1. 홍고추는 세척 후 분쇄기에 입자 있게 내린다.
2. 미나리와 실파는 약 5cm 길이로 썰어준다.
3. 새우는 세척 후 입자 있게 다져준다.
4. 오징어는 다짐육으로 준비한다.
5. 분량의 준비된 재료를 넣어 반죽 후 둥글게 1인 분량씩 전을 부친다.
6. 식판에 정량씩 배식한다.

조리과정 TIP

해물파전은 부침가루와 찹쌀가루를 함께 사용해야 해산물이 어우러져 따로 분리되지 않고 전이 잘 부쳐진다.

한우 갈비탕

✅ **재료 및 분량 (285인 기준/kg)**

소금 0.3kg
후추 0.03kg
마늘 0.4kg
무 4kg
대파 1.5kg
양파 2kg
다시마 0.2kg
한우 갈비 30.1kg
고춧가루 0.1kg
한우 양지 5kg
당면 1kg
새우젓 0.1kg

✅ **재료 및 분량 (1인 기준/g)**

소금 1g
후추 0.03g
마늘 2g
무 10g
대파 6g
양파 5g
다시마 2g
한우갈비 100g
고춧가루 2g
한우 양지 15g
당면 5g
새우젓 2g

제공된 식단

1. 강황 옥수수밥
2. 한우 갈비탕
3. 수박/오렌지
4. 아스파라거스구이
5. 제 함박스테이크
6. 치즈 야채 샐러드
7. 풋고추 어묵볶음

조리과정

1. 한우갈비는 찬물에 담가서 핏물을 뺀다. 핏물을 충분히 빼주어야 잡내가 나지 않는다.
2. 졸임 솥에 갈비가 잠길 정도의 물을 부은 후 끓기 시작하면 갈비를 데쳐서 찬물에 헹군다.
3. 갈비와 무, 대파, 양파, 다시마를 함께 넣고 찬물에서부터 끓여서 국물이 충분히 우러나게 한 다음 다시마와 무를 건져낸다. 갈비가 잘 익되 뼈가 분리되면 안 된다.
   (중간중간 확인하기)
3. 한우양지 덩어리와 통무는 건져서 먹기좋게 썰어서 대접에 셋팅한다.
4. 대파는 세척 후 송송 썰어서 준비하고 당면은 삶아서 타래를 만든다.
5. 다진 대파, 다진 마늘, 새우젓, 고춧가루로 다진 양념장을 준비 한다.
6. 식판에 정량씩 배식한다.

조리과정 TIP

갈비탕은 끓이기 전 찬물에서 핏물을 제거하는 것이 중요하며 한우 양지 또는 사태를 덩어리로 10% 함께 사용하여 밑 국물을 끓이면 구수한 맛이 한결 깊게 느껴진다.

온메밀소바

✅ **재료 및 분량 (285인 기준/kg)**

마늘 0.2kg
무 5kg
고추냉이 0.2kg
대파 0.4kg
유부 1kg
달걀 9kg
메밀국수 19kg
다시 멸치 1kg
김가루 0.5kg
쪽파 1.2kg
우동 고명 0.5kg
메밀 장국 육수 3kg
가다랭이포(육수용) 0.01kg

✅ **재료 및 분량 (1인 기준/g)**

마늘 3g
무 7g
고추냉이 0.2g
대파 2g
유부 5g
달걀 30g
메밀국수 100g
다시 멸치 10g
김가루 1g
쪽파 5g
우동 고명 1g
메밀 장국 육수 10g
가다랭이포(육수용) 0.001g

제공된 식단

1. 옥수수밥
2. 온 메밀국수
3. 풋고추 된장무침
4. 돈가스/ 베이비 채소 샐러드
6. 코다리찜
7. 오렌지
** 배추김치/자율

조리과정

1. 다시마, 대파, 다시 멸치, 가다랑어포로 육수를 만든다.(가다랑어포는 국물이 다 끓인 다음 넣고 5분 후 건지기)
2. 준비된 메밀 장국 육수에 유부를 넣고 한소끔 끓인 후 간을 맞춘다.
3. 강판에 무를 갈아서 즙으로 둥글게 만든다.
4. 달걀은 삶아서 1인 1/2개로 준비하고 쪽파는 송송 썰어서 준비한다.
5. 메밀면을 삶아서 사리를 만들거나 대접에 1인 분량을 담은 후 김가루, 쪽파와 우동 고명, 삶은 달걀을 세팅한다.
6. 육수를 부어 배식한다. (고추냉이는 자율배식)

조리과정 TIP

소바에는 반드시 무를 강판에 갈아 무즙을 둥글게 만들어서 함께 제공하도록 한다.

잔치국수

✅ 재료 및 분량 (285인 기준/kg)

고추 0.5kg	실파 0.5kg
양조간장 1kg	청주 0.2kg
파 1kg	재래간장 0.4kg
참깨 0.1kg	쌀국수 28kg
콩기름 1.5kg	유부 1kg
당근 2.5kg	마늘 0.3kg
김 가루 1kg	달걀 2kg
고춧가루 0.3kg	소금 0.2kg
무 2.5kg	애호박 4kg
양파 1kg	
다시 멸치 1kg	
참기름 0.2kg	
다시마 0.2kg	

✅ 재료 및 분량 (1인 기준/g)

고추 2g	실파 5g
양조간장 2g	청주 1g
파 5g	재래간장 5g
참깨 1g	쌀국수 90g
콩기름 0.5g	유부 6g
당근 6g	마늘 2g
김 가루 1g	달걀 7g
고춧가루 1g	소금 1g
무 7g	애호박 15g
양파 1g	
다시 멸치 2g	
참기름 2g	
다시마 2g	

제공된 식단

1. 옥수수밥
2. 오색 잔치국수
3. 콘샐러드
4. 수육/마늘 오븐구이(돼지고기 목살, 삼겹살)
5. 배추김치
6. 쌈 모듬/양념 된장
7. 방울토마토

조리과정

1. 멸치, 다시마, 무, 양파, 대파로 국물을 준비한다.
2. 당근은 채 썰어서 끓는 물에 소금 약간 넣고 데친다.(색감 유지)
3. 쇠고기는 가는 채나 간 것으로 준비하여 갖은 양념하여 볶아 낸다.
4. 호박도 채 썰어 끓는 물에 소금 약간 넣고 데친다.(색감 유지)
5. 유부는 뜨거운 물에 살짝 데친다.
6. 달걀은 지단을 부치고 쪽파는 송송 썰어 준비한다.
7. 양념간장을 만든다.
8. 국수는 삶아서 식판에 별도로 배식한다.

조리과정 TIP

잔치국수는 학생들에게 채소의 섭취를 늘릴 수 있는 조리법이라고 할 수 있으며, 국수는 시간차로 3회에 걸쳐 삶아서 제공하도록 한다.

수제 참치김밥

✓ **재료 및 분량 (150인 기준/kg)**

멥쌀 백미 10kg
찹쌀 백미 3kg
당근 2kg
우엉 2kg
깻잎 0.5kg
고추 0.3kg
참다랑어 기름 육 2kg
달걀 2kg
설탕 0.2kg
김(김밥용) 0.3kg
참기름 0.5kg
단무지 2kg
소금 0.2g

✓ **재료 및 분량 (1인 기준/g)**

멥쌀 백미 80g
찹쌀 백미 20g
당근 7g
우엉 7g
깻잎 1g
고추 1g
참다랑어 기름 육 15g
달걀 15g
설탕 1g
김(김밥용) 2g
참기름 2g
단무지 15g
소금 0.001g

제공된 식단

1. 수제참치김밥
2. 유부 우동국
3. 단무지
4. 어묵무침
5. 닭꼬치(양념)
6. 액상 요구르트

조리과정

1. 밥을 지을 때 소금 간을 한다.
2. 단무지는 길게 썰어서 준비하거나 김밥용으로 준비한다.
3. 참치는 물기를 완전히 제거한다.
4. 깻잎은 세척 소독 후 사용한다.
5. 고추는 다져서 절반은 볶은 우엉에 혼합한다.
6. 달걀은 최대한 두툼하게 지단을 부쳐서 단무지 크기로 잘라준다.
7. 김밥용 김에 밥을 깔고 깻잎, 참치, 단무지, 우엉, 다진 고추, 달걀지단을 중앙에 올려서 말아준다.
8. 식판에 정량씩 배식한다.

조리과정 TIP

수제 김밥은 기호도가 높은 음식으로 참치와 채소의 섭취를 늘릴 수 있으며 기호도가 높다.

삼색 연근조림
(본교 2학년 비건 요리 우수상 수상작)

☑ **재료 및 분량 (285인 기준/kg)**

부추 1kg

치자 건조 0.1kg

비트 0.5kg

스위트 칠리소스 2kg

건 대추 슬라이스 0.3kg

튀김가루 3kg

연근 10kg

☑ **재료 및 분량 (1인 기준/g)**

부추 6g

치자 건조 1g

비트 3g

스위트 칠리소스 8g

건 대추 슬라이스 2g

튀김가루 8g

연근 30g

조리과정 신채희/ 5월 3일 조리과정/ 우수상 수상작

제공된 식단

1. 차조밥
2. 가자미 살 매운탕
3. 치즈 채소 샐러드
4. 삼색 연근조림(비트. 치자)
5. 연어구이
6. 배추김치

조리과정

1. 연근은 세척 후 살짝 데쳐서 헹군다.
2. 부추와 비트는 갈아서 물을 준비한다. (반죽이 될 정도의 물양)
3. 치자는 갈라서 물을 우려낸다 (반죽이 될 정도의 작은 양)
4. 각 각의 재료로 튀김가루를 입힌 후 물 반죽 살짝 해서 튀긴 후 조리과정 소스에 건 대추 채를 넣고 한번 끓인다.
5. 식판에 정량씩 배식한다.

조리과정 TIP

연근에 천연색소를 사용해 바삭하게 튀겨 졸인 조리법이다.

새우볶음밥

☑ 재료 및 분량 (185인 기준/kg)

애호박 3kg
마늘 0.1kg
새우살 2kg
청 피망 1kg
참기름 0.2kg
참깨 0.1kg
백미 10kg
달걀 5kg
소금 0.1kg
대파 0.1kg
당근 1kg
대두유 1.2kg

☑ 재료 및 분량 (1인 기준/g)

애호박 15g
마늘 2g
새우살 10g
청 피망 5g
참기름 2g
참깨 1g
백미 70g
달걀 30g
소금 1g
대파 5g
당근 5g
대두유 5g

제공된 식단

1. 새우볶음밥
2. 떡만둣국
3. 스크램블드에그
4. 치즈 핫도그
5. 배추김치
6. 호상 요구르트(딸기 맛)

조리과정

1. 밥을 최대한 고슬고슬하게 짓는다.
2. 새우살은 세척 후 입자 있게 썰어준다.
3. 당근, 대파, 피망 잘게 썬다.
4. 팬에 콩기름을 두르고 대파 먼저 볶아서 향을 낸 후 다른 재료를 함께 볶아서 식힌다.
5. 위의 재료에 참깨를 넣어 버무린다.
6. 밥과 섞어 식판에 정량씩 배식한다.

조리과정 TIP

* 단체급식에서는 양이 많아서 밥을 볶지 못하므로 최대한 고슬고슬하게 짓는 것이 중요하고 볶음밥에는 물이 많이 생기는 양파는 사용하지 않는다.
* 새우 알러지가 있는 학생은 별도 제공

그린 샐러드

☑ **재료 및 분량 (275인 기준/kg)**

방울토마토 3kg

양파 1kg

적채. 붉은양배추 0.8 kg

양상추 3kg

치커리 1.7kg

그린 비타민 1kg

피망, 청 피망 0.8kg

드레싱소스 올리브유 0.8kg

식초 1kg

레몬 0.5kg

설탕 0.5kg

☑ **재료 및 분량 (1인 기준/g)**

방울토마토 10g

양파 3g

적채, 붉은 양배추 4g

양상추 10g

치커리 7g

그린 비타민 5g

피망, 청 피망 5g

드레싱소스 올리브유 4g

식초 4g

레몬 2g

설탕 2g

제공된 식단

1. 혼합 잡곡밥
2. 꽃게탕
3. 그린 샐러드
4. 찹쌀탕수육
5. 양념 두부조림
6. 깻잎 양념지
7. 귤(황금 향)

조리과정

1. 양상추, 치커리, 그린 비타민을 세척, 소독 후 한입 크기로 준비해서 물기를 제거한다.
2. 적색 양배추는 세척, 소독 후 고운 채 썰기로 준비해서 식초 물에 잠시 담갔다가 건져서 보라색의 밝은 색을 유지하도록 준비한다.
3. 소스 만들기- 올리브유, 레몬즙, 설탕, 사과식초를 섞어서 만든다.
4. 준비된 채소에 분량의 소스를 넣고 살살 버무려 식판에 배식한다.

조리과정 TIP

적색 양배추는 곱게 채 썰고 다른 채소와 함께 버무리지 않고 마지막에 세팅한다는 의미로 올린다.

꽁보리 쇠고기비빔밥

 재료 및 분량 (270인 기준/kg)

쌀 18kg	마늘 0.7kg
보리쌀, 찰보리 1kg	청주 0.2kg
양파 10kg	
애느타리버섯 3kg	
단 배추 4kg	
애호박 7kg	
달걀 5kg	
깨소금 0.2kg	
한우 우둔 민지 5kg	
고추장 3.5kg	
고춧가루 0.2kg	
고운 소금 0.2kg	
후춧가루 0.01kg	

재료 및 분량 (1인 기준/g)

쌀 66g	마늘 2g
보리쌀, 찰보리 3g	청주 1g
양파 37g	
애느타리버섯 11g	
단 배추 14g	
애호박 25g	
달걀 18g	
깨소금 0.2g	
한우 우둔 민지 18g	
고추장 12g	
고춧가루 2g	
고운 소금 0.2g	
후춧가루 0.01g	

제공된 식단

1. 꽁보리 쇠고기비빔밥
2. 청국장찌개
3. 호상 요구르트
4. 백김치
5. 골드키위
6. 떡볶이
7. 달걀프라이

조리과정

1. 콩나물은 아삭하게 데쳐서 참기름, 소금, 깨소금에 가볍게 무친다.
2. 애느타리버섯은 손질에서 먹기 좋게 썰어서 준비한다. (2등분)
3. 애호박은 1/3개로 길이로 썬 후 반달로 썰어서 소금에 살짝 절인 후 볶는다.(색상 살리기)
4. 얼갈이 단 배추는 세척, 소독 후 마른 고춧가루, 간 마늘, 액젓으로 가볍게 무친다.(약고추장)
5. 양파는 갈아서 준비한다.
6. 다짐육의 한우민지를 볶다가 청주, 마늘, 고추장을 넣고 흘러내리는 정도의 농도를 맞추어 마무리 한다.(물약간 넣어서 농도 맞추기)
7. 참기름을 마지막에 넣어서 배식한다.

조리과정 TIP

* 보리쌀은 일반 쌀보다 많이 불어나므로 양을 가감한다
* 생 재료와 익힌 재료가 함께 제공되므로 교차오염에 주의한다.
* 약고추장에 사용되는 쇠고기는 지방분이 적은 우둔으로 준비한다.
* 꽁보리 쇠고기비빔밥에 식재료 얼갈이배추는 무침용으로 준비하고 생 재료로 버무리기 때문에 국에 들어가는 양보다는 적게 잡아야 한다.

해물찜

✓ **재료 및 분량 (270인 기준/kg)**

마늘 0.6kg
콩나물 11kg
미나리 1.5kg
실파 0.6kg
미더덕 3kg
낙지 채를 썬 것 세절 3kg
설탕 0.2kg
감자전분 0.3kg
참기름 0.1kg
양조간장 0.3kg
고춧가루 0.3kg
소금 0.2kg
멸치액젓 0.2kg

✓ **재료 및 분량 (1인 기준/g)**

마늘 2g
콩나물 30g
미나리 8g
실파 1g
미더덕 8g
낙지 10g
백설탕 0.2g
감자전분 0.2g
참기름 0.1g
양조간장 0.3g
고춧가루 0.2g
소금 0.2g
멸치액젓 0.2g

제공된 식단

1. 수수 흑미밥
2. 꽃게탕
3. 총각김치
4. 멸치볶음
5. 돈마호크/파채
6. 귤(황금 향)
7. 참나물숙채무침

조리과정

1. 콩나물은 소금 약간 첨가하여 살짝 삶아서 찬물에 헹군다.
2. 미더덕은 세척 후 이쑤시개 등을 활용해 찔러준다.
3. 낙지는 전처리 후 세척 하여 물기를 제거한다.
4. 낙지와 미더덕을 섞어 볶다가 콩나물을 삶아낸 물을 넣고 끓으면 고춧가루, 설탕, 마늘을 넣어 콩나물과 버무려 준다.
5. 팬에 버무린 재료를 볶으면서 마지막에 녹말을 섞은 물과 미나리, 파를 넣고 간을 맞춘다.
6. 참기름, 통깨를 두르고 배식 용기에 담는다.
7. 식판에 정량씩 배식한다.

조리과정 TIP

해물찜은 해물의 1익는 정도와 콩나물의 아삭한 질감이 어우러지는 것이 맛에 영향을 많이 미친다.

돼지국밥
(본교 2학년 정윤선 제안 레시피)

✅ **재료 및 분량 (245인 기준/kg)**

돼지고기 사태 8kg
돼지 잡뼈 8kg
돼지등뼈 8kg
순대 10kg
마늘 0.5kg
양파 2kg
청양고추 0.1kg
부추 1kg
대파 1.5kg
들깻가루(거피 된 것) 0.5kg
새우젓 0.5kg
천일염 0.3kg
고춧가루 0.1kg

✅ **재료 및 분량 (1인 기준/g)**

돼지고기 사태 30g
돼지 잡뼈 30g
돼지등뼈 25g
순대 50g
마늘 2g
양파 5g
청양고추 2g
부추 5g
대파 7g
들깻가루(거파 된 것) 2g
새우젓 2g
천일염 1g
고춧가루 1g

제공된 식단

1. 혼합 잡곡밥
2. 순대국밥
3. 닭 다리 양념치킨
4. 배추김치
5. 솔나물 무침
6. 배추김치
7. 오렌지

조리과정

1. 돼지등뼈와 잡뼈는 찬물에 충분히 담가서 핏물을 제거한다.
2. 핏물 제거된 뼈는 생강, 통마늘, 양파, 대파를 넣고 국물을 우려낸다.
3. 돼지고기 사태는 국물 우릴 때 함께 넣어서 삶는다. 약 50분 정도 후 중심 온도를 확인한다.
4. 순대는 중탕으로 준비한다.
5. 부추는 세척, 소독 후 약 3cm 정도로 썰어서 식판에 배식 시 국물 위에 얹어준다.
6. 간은 천일염 굵은소금과 새우젓으로 맞춘다.
7. 다 대기장 만들기-새우젓, 다진 마늘, 다진 청양고추, 고춧가루로 다 대기장을 준비한다. 뼈 우린 물을 사용해서 소스 농도를 맞춘다.

조리과정 TIP

순댓국에 간은 천일염과 새우젓으로 하면 시원하면서 깊은 맛이 난다

두부김치 전

☑ **재료 및 분량 (270인 기준/kg)**

양파 1kg

표고버섯 0.6kg

연두부 2.5kg

콩기름 1.5kg

중력분 1kg

부침가루 2.5kg

배추김치 5kg

☑ **재료 및 분량 (1인 기준/g)**

양파 5g

표고버섯 3g

연두부 6g

콩기름 3g

중력분 6g

부침가루 10g

배추김치 30g

제공된 식단

1. 흑미 찹쌀밥
2. 청국장찌개
3. 한우 소불고기
4. 깍두기
5. 모둠 과일(샤인 머스켓, 방울토마토, 배)
6. 배추김치 전
7. 만두/ 부추무침

조리과정

1. 숙성된 배추김치는 잘게 다져서 물기를 꼭 짠다.
2. 연두부도 채반에 받치어 물기를 뺀다.
3. 양파와 표고버섯은 가늘게 짧게 채 썬다.
4. 준비된 재료를 혼합한다.
5. 기름 두른 팬에 최대한 얇게 굽는다
6. 식판에 정량씩 배식한다.

조리과정 TIP

김치전에 두부를 함께 으깨어서 반죽하면 영양가도 좋고 반죽도 부드럽게 된다. 농도는 약간 되직하다는 느낌이 알맞다.

태백국물닭갈비

✓ 재료 및 분량 (285인 기준/kg)

닭고기 다리 살 22kg
당근 1.5kg
양배추 3.5kg
양파 3kg
대파 1.5kg
맛술 0.3kg
설탕 0.3kg
떡볶이 떡 3kg
참기름 0.1kg
깻잎 0.2kg
간장 2kg
고추장 3kg
고춧가루 0.4kg

마늘 0.4kg
생강 0.01kg
참기름 0.2kg

✓ 재료 및 분량 (1인 기준/g)

닭고기 다리 살 90g
당근 7g
양배추 15g
양파 7g
대파 5g
맛술 0.3g
설탕 0.3g
떡볶이 떡 10g
참기름 1g
깻잎 1g
간장 5g
고추장 7g
고춧가루 2g

마늘 2g
생강 0.01g
참기름 2g

제공된 식단

1. 생야채비빔밥/달걀프라이
2. 청국장찌개
3. 백김치
4. 골드키위
5. 태백국물닭갈비
6. 호상 요구르트
7. 고구마 치즈구이

조리과정

1. 닭살은 세척 후 맛술, 설탕, 생강즙으로 밑간한다.
2. 양파, 양배추는 굵은 채 썰기로 준비한다.
3. 파는 어슷썰기로 준비한다.
4. 깻잎은 세척 후 굵은 채로 썰어서 준비한다.
5. 떡볶이 떡은 씻는다.
6. 고추장, 진간장, 고춧가루로 간 마늘로 양념장을 준비한다.
7. 팬에 기름을 두르고 먼저 대파로 향을 낸 후 닭고기부터 볶고 양념장 1/2kg을 넣고 볶다가 닭고기가 어느 정도 익으면 채소를 순서대로 볶아서 마무리한다.
8. 마지막에 깻잎과 참기름을 넣고 배식한다.

조리과정 TIP

닭고기에 떡볶이 소스 맛과 해산물이 혼합된 맛난 국물 맛이 나야 한다.

애호박전

✓ 재료 및 분량 (300인 기준/kg)

깨소금 0.1kg

간장 0.5kg

애호박 11kg

밀가루 2kg

참기름 0.2kg

실파 0.5kg

부침가루 3kg

고춧가루 0.2kg

물 5kg

소금 0.2kg

✓ 재료 및 분량 (1인 기준/g)

깨소금 1g

간장 3g

애호박 30g

밀가루 5g

참기름 1g

실파 2g

부침가루 10g

고춧가루 1g

물 15g

소금 1g

제공된 식단

1. 채소 볶음밥
2. 칼국수
3. 애호박전
4. 수제 양파피클
5. 케이크
6. 배추김치
7. 닭봉 오븐구이

조리과정

1. 애호박은 둥글고, 두툼하게 썰어서 소금을 약간 뿌려둔다. (약 30분)
2. 실파는 세척 후 얇게 썰어서 준비한다.
3. 부침가루와 물을 1:1 비율로 섞어 물 반죽을 만든다. 살짝 절인 애호박에 밀가루를 뿌리고 물 반죽에 적신다.
4. 기름을 두른 팬에 전을 부쳐준다.
5. 간장, 깨소금, 고춧가루, 실파, 참기름을 섞어 양념장을 만든다.
6. 식판에 2개씩 배식한다.

조리과정 TIP

애호박을 소금에 살짝 절여야 전을 부치면 색이 더 곱게 난다.

시금치 무침

✓ **재료 및 분량 (210인 기준/kg)**
참기름 0.1kg
시금치 6kg
소금 0.1kg
깨소금 0.1kg
마늘 0.2kg
간장 0.1kg

✓ **재료 및 분량 (1인 기준/g)**
참기름 1g
시금치 30g
소금 1g
깨소금 1g
마늘 2g
간장 1g

제공된 식단

1. 흰밥
2. 동그랑땡 전
3. 어묵꼬치
4. 두부김치
5. 시금치 숙채무침
6. 조갯살 미역국

조리과정

1. 시금치를 다듬어서 세척 후 끓는 물에 데쳐준다.
2. 마늘, 파, 간장, 참기름, 깨소금, 소금을 섞어 양념장을 만든다.
3. 데친 시금치와 양념장을 섞어서 준다.
4. 식판에 정량씩 배식한다.

조리과정 TIP

시금치를 다듬을 때 약 5cm 길이로 썰고 전처리해서 데치면 길이가 일정해진다.

멸치 콩조림

✓ **재료 및 분량 (300인 기준/kg)**

콩기름 0.3kg

간장 0.2kg

올리고당 0.2kg

서리태 1.5kg

멸치 2kg

참깨 0.2kg

✓ **재료 및 분량 (1인 기준/g)**

콩기름 2g

간장 5g

올리고당 6g

서리태 5g

멸치 10g

참깨 1g

제공된 식단

1. 옥수수밥
2. 닭개장
3. 멸치 콩조림
4. 채소 달걀말이
5. 돈가스
6. 양상추샐러드
7. 배추김치

조리과정

1. 서리태를 물에 약 4시간 불린 후 삶아서 준비한다.
2. 멸치는 이물질을 제거해 준다. 간장, 올리고당, 콩기름을 냄비에 넣고 섞는다.
3. 서리태를 냄비에 넣고 졸이다가 마지막에 멸치와 함께 잠시 더 졸인다. 참깨를 뿌려준다.
4. 식판에 정량씩 배식한다.

조리과정 TIP

콩조림을 해서 멸치를 볶아 함께 양념에 버무려도 된다.

닭살 파인애플 조림

✓ **재료 및 분량 (210인 기준/kg)**

깨소금 0.1kg
고추장 1.5kg
양파 4kg
당근 2.5kg
파인애플 8kg
닭고기 20kg
대파 0.5kg
간장 0.2kg
생강 분말 0.04kg
청 피망 2.5kg
올리고당 0.4kg
다진 마늘 0.5kg

✓ **재료 및 분량 (1인 기준/g)**

깨소금 1g
고추장 2g
양파 4g
당근 5g
파인애플 30g
닭고기 90g
대파 1g
간장 0.2g
생강 분말 0.01g
청 피망 5g
올리고당 1g
다진 마늘 2g

제공된 식단

1. 흰밥
2. 북엇국
3. 마파두부
4. 닭살 파인애플 조림
5. 김가루 실파무침
6. 떡볶이

조리과정

1. 양파, 당근, 대파는 세척 후 먹기 좋은 크기로 썰어준다.
2. 파인애플은 세척 후 껍질을 벗기고 심을 제거한다. 파인애플을 슬라이스로 썰어준다.
3. 피망은 다른 채소와 비슷한 크기로 손질한다.
4. 깨소금, 고추장, 간장, 생강 분말, 올리고당, 다진 마늘을 섞어 양념장을 만들어 준다.
5. 닭고기는 세척 후 밑간해서 양념장과 볶다가 채소를 넣고 당근이 익을 동안 볶아준다.
6. 식판에 정량씩 배식한다.

조리과정 TIP

볶은 닭고기와 슬라이스 된 파인애플을 함께 옆에 배식하면 파인애플 향이 볶은 고기와 어우러져 풍미가 좋다.

부대찌개

✓ 재료 및 분량 (270인 기준/kg)
대파 2kg
모둠햄 5kg
고춧가루 0.2kg
고추장 1.5kg
김치 10kg
마늘 0.1kg
팽이버섯 1.1kg
양파 1.5kg
돼지고기(찌개용) 5kg

✓ 재료 및 분량 (1인 기준/g)
대파 6g
모둠햄 18g
고춧가루 1g
고추장 8g
김치 35g
마늘 0.1g
팽이버섯 5g
양파 5g
돼지고기(찌개용) 15g

제공된 식단

1. 흑미 보리밥
2. 부대찌개
3. 참나물 겉절이
4. 반건시
5. 옛날식 두부조림
6. 닭봉 새송이버섯구이
7. 브로콜리 무침

조리과정

1. 김치는 숙성된 것으로 찌개용으로 준비하고 돼지고기는 찌개용 사태를 준비한다.
2. 양파는 굵게 채 썰고 팽이버섯은 밑동을 제거해서 씻는다.
3. 대파는 적당하게 썰어서 준비한다.
4. 식용유를 두른 팬에 고춧가루를 넣어 고추기름을 낸 다음 돼지고기를 먼저 볶아주고 물을 자작하게 넣는다.
5. 준비된 재료와 고추장, 마늘을 함께 버무려서 끓인다.
6. 식판에 정량씩 배식한다.

조리과정 TIP

부대찌개에 사용되는 김치는 숙성된 것으로 사용해야 깊은 맛이 난다.

진미 더덕무침

✓ 재료 및 분량 (300인 기준/kg)

더덕 4kg

식초 0.2kg

물엿 0.8kg

홍 진미 1.5kg

실파 0.3kg

참깨 0.1kg

마늘 0.2kg

설탕 0.3kg

고추장 1.8kg

✓ 재료 및 분량 (1인 기준/g)

더덕 20g

식초 1g

물엿 3g

홍 진미 10g

실파 1g

참깨 1g

마늘 2g

설탕 1g

고추장 6g

제공된 식단

1. 클로렐라 밥
2. 한우설렁탕
3. 진미 더덕무침
4. 돈가스
5. 두릅 채소 샐러드
6. 깍두기

조리과정

1. 더덕과 실파, 마늘을 손질 후 씻는다. 더덕은 채 썰고 실파와 마늘은 다져준다.
2. 진미는 손질 후 오븐에서 스팀으로 쪄주고 3cm 길이로 잘라준다.(약 2분)
3. 더덕의 물기를 제거하고 식초, 설탕, 고추장을 넣고 버무려 준다.
4. 버무린 더덕에 진미, 파, 고춧가루, 참기름, 마늘, 소금을 넣고 무쳐준다.
5. 식판에 정량씩 배식한다.

조리과정 TIP

익힌 재료와 생재료가 혼합되므로 교차오염에 주의한다.

해물 콩나물 찜

✅ **재료 및 분량 (240인 기준/kg)**

고춧가루 0.4kg 낙지 3kg
바지락살 3kg 참기름 0.3kg
콩기름 0.3kg 설탕 0.3kg
감자전분 0.7kg
콩나물 7kg
소금 0.2kg
실파 0.5kg
미더덕 2.5kg
칵테일새우 2.5kg
미나리 1kg
오징어 5kg
마늘 0.3kg
홍합살 2kg

✅ **재료 및 분량 (1인 기준/g)**

고춧가루 2g 낙지 10g
바지락살 10g 참기름 2g
참기름 2g 설탕 0.2g
감자전분 1g
콩나물 30g
소금 1g
실파 2g
미더덕 10g
칵테일새우 10g
미나리 5g
오징어 20g
마늘 1g
홍합살 8g

제공된 식단

1. 흑미밥
2. 육개장
3. 해물 콩나물찜
4. 돈가스 파채 겉절이
5. 청경채 무침
6. 호박 채소볶음
7. 방울토마토

조리과정

1. 콩나물은 소금을 조금 넣고 삶아낸다. (삶은 물은 찜에 사용한다.)
2. 미더덕은 씻을 때 주물러서 물을 터트린다.
3. 낙지와 새우살 등 해물은 전처리 후 씻어서 물기를 제거한다.
4. 콩나무, 미더덕, 낙지, 칵테일새우, 홍합살, 오징어를 볶다가 콩나물을 삶아낸 물을 넣어준다.
5. 끓으면 물에 섞은 감자전분을 부은 후 고춧가루, 설탕, 마늘을 넣어서 간을 맞춘다.
5. 미나리와 파를 넣고 뜸을 들인다.
6. 식판에 정량씩 배식한다.

조리과정 TIP

미더덕 준비 과정에서 물을 터트려서 사용해야 불편하지 않다.

돼지고기 목살 김치 조림

✅ **재료 및 분량 (240인 기준/kg)**

콩기름 0.3kg
돼지고기(목살) 7kg
참기름 0.2kg
청주 0.3kg
고춧가루 0.2kg
대파 1.5kg
김치 101kg
마늘 0.3kg
진간장 0.2kg

✅ **재료 및 분량 (1인 기준/g)**

콩기름 2g
돼지고기(목살) 35g
참기름 2g
청주 2g
고춧가루 1g
대파 5g
김치 40g
마늘 2g
진간장 1g

제공된 식단

1. 기장밥
2. 조갯살 미역국
3. 시금치 숙채무침
4. 동그랑땡 구이
5. 두부김치
6. 어묵꼬치

조리과정

1. 돼지고기는 핏물을 제거해서 후추, 마늘로 밑간한다.
2. 배추김치는 큼직하게 썰어서 설탕을 약간 뿌려 버무려 준다.
3. 대파는 큼지막하게 썰어준다.
4. 팬에 식용유를 달구어 고춧가루를 볶다가 돼지고기와 김치를 넣고 국물을 자작하게 조리한다.
5. 식판에 정량씩 배식한다.

조리과정 TIP

* 김치에 간이 있으므로 진간장을 향 정도로 약간만 사용한다.
* 찜에 사용하는 김치는 썰어서 약간의 설탕을 뿌려 약 30분 동안 숙성시켜서 사용하면 맛이 상승한다.

마라탕

☑ **재료 및 분량 (290인 기준/kg)**

양파 1.5kg	포두부 2kg
숙주나물 3kg	비엔나소시지 5kg
느타리버섯 1.5kg	생새우 2kg
팽이버섯 1.5kg	
양배추 3kg	
청경채 1.5kg	
대파 0.5kg	
한우(우둔) 6kg	
납작 당면 2kg	
생새우 3kg	
사골육수 1kg	
중화 매실 소스 2kg	
짬뽕 소스 0.5kg	

☑ **재료 및 분량 (1인 기준/g)**

양파 7g	포두부 8g
숙주나물 10g	비엔나소시지 15g
느타리버섯 7g	생새우 8g
팽이버섯 7g	
양배추 10g	
청경채 6g	
대파 3g	
한우(우둔) 20g	
납작 당면 20g	
생새우 10g	
사골육수 5g	
중화 매실 소스 7g	
짬뽕 소스 5g	

제공된 식단

1. 흑미밥
2. 마라탕
3. 골든 파인애플/토마토
4. 야채 모둠 샐러드
5. 매실장아찌/궁채 장아찌
6. 수제 떡갈비
7. 빼빼로(휘낭시에)

조리과정

1. 느타리버섯과 양파, 대파는 약간 굵게 썰어준다.
2. 숙주나물은 세척 후 길이대로 사용한다.
3. 팽이버섯은 밑동을 자르고 양배추는 굵은 채 썰기로 준비한다.
4. 청경채는 밑동을 자르고 줄기 부분은 한 번 더 썰어준다.
5. 납작 당면은 찬물에 불려서 사용한다.
6. 사골육수로 베이스를 만든다.
7. 사골육수에 한우 고기를 넣고 먼저 끓이다가 포두부, 비엔나소시지, 중화 매실 소스, 짬뽕 소스를 넣고 끓인다.
8. 나머지 재료를 모두 넣고 푹 끓인다.
9. 식판에 정량씩 배식한다.

조리과정 TIP

* 생새우, 양배추, 양파, 느타리버섯, 청경채는 고추기름에 먼저 살짝 볶아서 사용해야 국물 맛이 좋다.
* 숙주나물은 마지막에 바로 넣고 불을 끈다.

즉석 배추겉절이

✓ 재료 및 분량 (240인 기준/kg)

건 고추 0.1kg

양파 0.71kg

찹쌀가루 0.2kg

설탕 0.2kg

배추 12kg

매실농축액 0.3kg

멸치액젓 0.3kg

마늘 0.5kg

배 1kg

새우젓 0.5kg

쪽파 0.3kg

고춧가루 0.8kg

생고추 0.3kg

✓ 재료 및 분량 (1인 기준/g)

건 고추 0.01g

양파 3g

찹쌀가루 1g

설탕 1g

배추 50g

매실농축액 2g

멸치액젓 2g

마늘 2g

배 5g

새우젓 2g

쪽파 3g

고춧가루 3g

생고추 1g

제공된 식단

1. 흰밥(자율)
2. 잔치국수(쌀국수)
3. 콘샐러드
4. 상추쌈/영양 쌈장
5. 배추김치
6. 수육/마늘구이
7. 방울토마토

조리과정

1. 설탕, 매실농축액, 멸치액젓, 새우젓, 고춧가루, 마늘을 섞어 양념장을 만들어 준다.
2. 배추는 줄기/잎 구분하여 썰어주고 별도로 절여준다.
3. 배를 채 썰어주고 남은 조각을 갈아서 양념에 사용한다.
4. 생고추, 건 고추 매운맛 확인하여 맵지 않게 주의한다.
5. 찹쌀가루와 물을 냄비에 1:10 비율로 섞어서 살짝 끓여준다. (찹쌀 풀을 쑤어서 식혀 사용)
6. 절여둔 배추의 물기를 빼주고 양념장과 찹쌀 풀을 넣고 버무린다.
7. 식판에 정량씩 버무려 준다.

조리과정 TIP

* 세로 썰기는 길이로 ½~3절 잘라준다.
* 줄기는 너비 가늘게 1.5cm 내외, 되도록 작게 사용한다.

고추잡채

✓ **재료 및 분량 (240인 기준/kg)**

마늘 0.4kg
양파 2kg
옥수수전분 1kg
달걀 1kg
청 피망 2kg
간장 2kg
노랑 파프리카 1kg
고추기름 0.5kg
홍 피망 1kg
참기름 0.5kg
굴 소스 0.3kg
돼지고기(뒷다리) 5kg

✓ **재료 및 분량 (1인 기준/g)**

마늘 2g
양파 5g
옥수수전분 2g
달걀 5g
청 피망 5g
간장 2g
노랑 파프리카 5g
고추기름 1g
홍 피망 5g
참기름 2g
굴 소스 2g
돼지고기(뒷다리) 20g

제공된 식단

1. 현미 쌀밥
2. 된장찌개
3. 고추잡채
4. 부추겉절이
5. 당근, 오이 스틱/쌈장
6. 한우 소불고기
7. 참외, 토마토

조리과정

1. 돼지고기는 밑간 후 달걀에 버무리고 전분으로 한 번 더 버무린다.
2. 팬에 고추기름을 두르고 대파를 볶아 향을 낸 후 버무린 돼지고기를 볶는다
3. 노랑 파프리카를 균일하게 썰고, 모든 채소를 채 썰어준다.
4. 준비한 채소는 고추기름에 볶다가 굴 소스와 소금을 충분히 뿌리고, 채소를 각각 볶은 후 각각 물기를 빼준다.
5. 고기와 볶은 채소를 모두 혼합 후 참기름과 통깨로 뿌려준다. 부족한 간은 굴 소스로 마무리한다.
6. 고기와 볶은 채소, 참기름을 함께 버무린다.
7. 식판에 정량씩 배식한다.

조리과정 TIP

채소는 센 불에 볶아야 불맛이 나고 물기가 많이 생기지 않는다.

오이소박이

✓ **재료 및 분량 (209인 기준/kg)**
마늘 0.5kg
멸치액젓 0.3kg
고춧가루 0.5kg
소금 2kg
참깨 0.3kg
실파 0.4kg
양파 2kg
오이 8kg

✓ **재료 및 분량 (1인 기준/g)**
마늘 2g
멸치액젓 1g
고춧가루 2g
소금 8g
참깨 1g
실파 2g
양파 7g
오이 40g

제공된 식단

1. 볶음밥
2. 소고기뭇국
3. 소떡소떡
4. 과일, 시리얼 샐러드
5. 닭볶음
6. 오이소박이
7. 달걀후라이

조리과정

1. 오이, 양파, 실파, 마늘은 전처리 후 씻어준다.
2. 오이는 깍둑썰어 소금에 살짝 절였다가 물기를 제거한다.
3. 양파는 채 썰고, 실파는 얇게 썰어준다.
4. 마늘, 고춧가루, 멸치액젓, 참깨를 섞어서 양념장을 만든다.
5. 오이에 양파와 실파, 양념장을 넣고 버무린다.
6. 식판에 정량씩 배식한다.

조리과정 TIP

오이소박이는 가시오이보다 백오이를 사용하는 것이 좋다.

새우 나시고랭 볶음밥

✅ **재료 및 분량 (150인 기준/kg)**

찹쌀 2kg
대파 1kg
참기름 0.4kg
멥쌀 10kg
새우살 3kg
청 피망 1kg
참깨 0.2kg
달걀 2.5kg
소금 0.2kg
검정깨 0.3kg
숙주나물 3kg

✅ **재료 및 분량 (1인 기준/g)**

찹쌀 10g
대파 2g
참기름 2g
멥쌀 70g
새우살 20g
청 피망 5g
참깨 2g
달걀 15g
소금 2g
검정깨 2g
숙주나물 15g

제공된 식단

1. 새우 나시고랭 볶음밥
2. 떡만둣국
3. 스크램블드에그
4. 핫도그
5. 호상 요구르트
6. 배추김치

조리과정

1. 밥을 고슬고슬하게 짓는다.
2. 새우살을 소금물에 데치고 달걀은 간을 조금 하여 볶아둔다.
3. 대파, 청 피망을 잘게 썰고 숙주나물은 2cm 정도로 썰어준다. 이후 간을 조금 하여 따로 볶아서 식힌다.
4. 모든 재료를 같이 넣고 섞어준다.
5. 식판에 정량씩 배식 배식한다.

조리과정 TIP

* 숙주는 송송 (약 2cm) 썰어서 살짝 (아삭하게) 볶아야 한다.
* 볶음밥에서 양파보다 대파 흰 부분을 사용해야 맛이 더 좋고 깊은 맛이 난다.

미니우동

☑ **재료 및 분량 (200인 기준/kg)**

무 3kg
홍고추 0.5kg
유부 3kg
양파 1kg
가다랑어(육수용) 0.1kg
가쓰오우동소스 2kg
멸치 1kg
우동면 17kg
간장 0.5kg
우동고명 0.5kg
마늘 0.4kg
쑥갓 1kg
다시마 0.4kg
대파 1.5kg

☑ **재료 및 분량 (1인 기준/g)**

무 15g
홍고추 2g
유부 15g
양파 3g
가다랑어(육수용) 0.01g
가쓰오우동소스 12g
멸치 5g
우동면 80g
간장 2g
우동고명 1g
마늘 2g
쑥갓 5g
다시마 3g
대파 5g

제공된 식단

1. 볶음 주먹밥
2. 핫도그
3. 아이스 망고
4. 미니우동
5. 열무김치
6. 단무지

조리과정

1. 유부를 살짝 데치고 얇게 썬다.
2. 쑥갓 세척 후 물기를 제거한다.
3. 무, 가다랑어, 양파, 다시마, 멸치를 물에 넣고 끓여준다.
4. 끓는 물에 우동 면을 삶아 준다.
5. 고명, 고추, 대파, 쑥갓을 넣고 살짝 끓여준다.
6. 식판에 우동 면을 주고 육수를 부어 배식한다.

조리과정 TIP

미니우동은 국물을 중요시 하므로 건더기를 너무 많이 잡지 않도록 한다.

안동찜닭

✓ **재료 및 분량 (180인 기준/kg)**

양파 1.5kg
간장 1.5kg
콩기름 0.2kg
흑설탕 0.2kg
청주 0.1kg
후추 0.02kg
닭고기 13kg
간장 0.5kg
당근 1kg
마늘 0.3kg
감자 3kg
떡볶이떡 3kg

✓ **재료 및 분량 (1인 기준/g)**

양파 5g
간장 2g
콩기름 2g
흑설탕 1g
청주 1g
후추 0.01g
닭고기 80g
간장 5g
당근 5g
마늘 1g
감자 15g
떡볶이떡 15g

제공된 식단

1. 흰밥
2. 삼색 우리 밀 수제비국
3. 배추김치
4. 마시는 샐러드(주스)
5. 안동찜닭
6. 동그랑땡 구이

조리과정

1. 닭은 세척 후 조각내서 끓는 물에 데쳐서 찬물에 헹군다.
2. 감자, 당근, 양파는 네모 썰고 파는 어슷하게 썬다.
3. 당면은 불에 불린 후 간장, 설탕, 참기름을 넣고 졸인다.
4. 간장, 기름, 청주, 후추, 마늘 섞어서 양념장을 만든다.
5. 양념장의 1/2을 넣고 데친 닭고기, 당근, 감자를 넣고 졸인다.
6. 어느 정도 졸여지면 양파, 대파를 넣고 마지막에 당면을 넣고 나머지 양념을 넣은 후 졸인다.
7. 식판에 정량씩 배식한다.

조리과정 TIP

학교 급식에서는 캐러멜 소스를 사용할 수 없으므로 대체 간장인 쯔유를 사용한다.

채소 비빔만두

✓ **재료 및 분량 (210인 기준/kg)**

마늘 0.3kg
양배추 5kg
오이 3kg
참기름 0.5kg
고추장 1.3kg
단무지 3kg
고춧가루 0.2kg
식초 0.2kg
토마토케첩 1.5kg
고기만두 11kg
올리고당 1.5kg

✓ **재료 및 분량 (1인 기준/g)**

마늘 2g
양배추 20g
오이 16g
참기름 2g
고추장 7g
단무지 12g
고춧가루 0.2g
식초 0.5g
토마토케첩 5g
고기만두 50g
올리고당 5g

제공된 식단

1. 불고기덮밥
2. 달걀 파국
3. 채소 비빔만두
4. 김구이
5. 호상 요구르트

조리과정

1. 튀김기름에 만두를 튀긴 후 식혀준다.
2. 오이, 당근, 양배추, 단무지는 전처리 후 채 썰어준다.
3. 기름, 고추장, 고춧가루, 식초 토마토케첩, 올리고당을 섞어서 양념장을 만든다.
4. 전처리한 채소에 양념장을 섞어준다.
5. 튀긴 만두와 비빔 야채를 섞는다.
6. 식판에 정량씩을 배식한다.

조리과정 TIP

비빔만두에는 채소 만두보다 고기만두를 사용하는 것이 좋다.

전복 영양죽

✅ **재료 및 분량 (210인 기준/kg)**

멥쌀 2kg
찹쌀 2kg
당근 0.5kg
마늘 0.2kg
생강 0.1kg
양파 1kg
표고버섯 0.5kg
부추 0.5kg
전복 2kg
참기름 0.3kg
맛술 0.2kg
소금 0.2kg

✅ **재료 및 분량 (1인 기준/g)**

멥쌀 15g
찹쌀 15g
당근 5g
마늘 0.2g
생강 0.1g
양파 5g
표고버섯 5g
부추 4g
전복 10g
참기름 1g
맛술 1g
소금 1g

제공된 식단

1. 모닝빵 샌드위치
2. 전복 영양죽
3. 구운 달걀
4. 시리얼 & 우유
5. 바나나

조리과정

1. 멥쌀, 찹쌀은 씻어서 물에 불려둔다.
2. 전복은 손질 후 살은 저며서 썰고 내장은 별도로 빼둔다.
3. 표고버섯, 양파, 부추, 마늘, 당근은 다지듯이 썬다.
4. 전복살에 참기름을 넣고 달달 볶다가 불린 쌀을 넣어 볶는다.
5. 물을 넣고 푹 끓이다가 다진 채소를 넣고 끓인다. 마지막에 소금으로 간을 맞춘다.

조리과정 TIP

전복죽에 간장 대신 소금 간을 사용해야 색상이 깔끔하게 된다.

모닝빵 햄버거

✅ **재료 및 분량 (200인 기준/kg)**

양파 0.5kg
양배추 3kg
양상추 2kg
햄버거빵(中) 11.8kg
체더치즈 4kg
피클 0.5kg
마요네즈 0.5kg
불고기소스 0.5kg
허니머스터드소스 0.5kg
떡갈비 4kg

✅ **재료 및 분량 (1인 기준/g)**

양파 5g
양배추 8g
양상추 8g
햄버거빵(中) 50g
체더치즈 20g
피클 5g
마요네즈 5g
불고기소스 2g
허니머스터드소스 2g
떡갈비 23g

제공된 식단

1. 영양죽
2. 모닝빵 햄버거
3. 사과
4. 구운 달걀
5. 우유
6. 배추김치

조리과정

1. 햄버거빵은 살짝 구운 후 마요네즈를 바른다.
2. 피클은 물기 제거 후 다진다.
3. 각종 채소는 세척 후 물기를 제거한다.
4. 양배추와 양파는 곱게 채 썰기하고 양상추는 큼직하게 뜯어서 준비한다.
5. 떡갈비는 오븐에 구워서 불고기소스를 바른다.
7. 마요네즈. 허니머스터드를 섞어서 소스를 만들어 준비된 채소에 골고루 버무린다.
8. 체더치즈, 떡갈비와 함께 햄버거빵 속을 채운다.
9. 식판에 1개씩 배식한다.

조리과정 TIP

모닝빵은 오븐에 살짝 쪄서 사용하는 것이 부드럽다.

쫄면

✅ **재료 및 분량 (290인 기준/kg)**

양배추 5kg
두절 콩나물 3kg
오이 5.7kg
참깨 0.3kg
김 가루 0.5kg
쫄면 8kg
다진 마늘 0.21kg
다진 생강 0.01kg
참기름 0.5kg
식초 1.2kg
사이다 0.23kg
고추장 3.43kg
설탕 0.35kg
올리고당 0.5kg
단무지 2kg
고춧가루 1kg

✅ **재료 및 분량 (1인 기준/g)**

양배추 15g
두절 콩나물 10g
오이 20g
참깨 0.2g
김 가루 1g
쫄면 40g
다진 마늘 0.2g
다진 생강 0.01g
참기름 2g
식초 2g
사이다 0.5g
고추장 10g
설탕 3g
올리고당 5g
단무지 10g
고춧가루 3g

제공된 식단

1. 흰밥
2. 닭개장
3. 쫄면
4. 모둠 과일샐러드
5. 불맛 떡볶이
6. 배추김치
7. 코다리조림

조리과정

1. 고추장, 다진 마늘, 다진 생강, 식초, 고춧가루, 사이다를 섞어서 양념장을 만든다.
2. 오이는 세척 후 어슷썰기를 하고 양배추는 굵게 채 썰어준다.
3. 단무지는 슬라이스 치고 배는 굵게 채 썬다.
4. 끓는 물에 쫄면을 삶아서 물에 헹군 후 바로 참기름을 버무린다.
5. 먼저 쫄면에 양념장을 버무린 후 채소를 넣는다.
6. 콩나물은 삶아서 바로 헹군 후 같이 버무린다.

조리과정 TIP

고추장 양념을 만들 때 먼저 식초에 설탕을 녹인 후 다른 재료를 함께 혼합해야 설탕의 입자가 겉돌지 않는다.

닭개장

✓ **재료 및 분량 (290인 기준/kg)**

마늘 0.3kg
고사리 2kg
숙주나물 4kg
느타리버섯 2kg
배추 4kg
건 고추 0.1kg
부추 2kg
토란(건조) 1.5kg
대파 2kg
다시마 0.2kg
밀가루 0.2kg

✓ **재료 및 분량 (1인 기준/g)**

마늘 1.2g
고사리 6g
숙주나물 10g
느타리버섯 8g
배추 15g
건 고추 0.01g
부추 8g
토란(건조) 5g
대파 8g
다시마 1g
밀가루 1g

제공된 식단

1. 흑미 수수밥
2. 닭개장
3. 돈가스/파채 겉절이
4. 콩나물미더덕찜
5. 청경채 숙채무침
6. 애호박 낙지볶음
7. 대추 방울토마토

조리과정

1. 닭은 전처리 후 세척 하여 한번 삶아서 첫물을 버린다.
2. 냄비에 닭을 넣고 삶은 후 살코기를 뜯어서 소금과 마늘, 후추가루로 버무려 놓는다.
3. 닭뼈와 다시마를 넣어서 국물을 한 번 더 끓인 후 건져서 버린다.
4. 배추는 전처리 후 씻고 데쳐낸 후 자른다.
5. 배추, 고사리, 토란, 숙주에 양념하여 버무린다.
6. 닭살, 밀가루, 파에 양념하여 따로 버무려 둔다.
7. 닭국물(기름기 제거)에 양념을 버무린 재료를 넣어 끓인 후 나머지 재료를 넣고 다시 끓인다.
8. 마지막에 소금 간을 한다.
9. 식판에 정량씩 배식한다.

조리과정 TIP

닭개장에 밀가루를 사용하는 이유는 구수한 맛과 채소가 함께 어우러지게 하기 위함이다.

어묵 고추볶음

✓ **재료 및 분량 (200인 기준/kg)**

올리고당 0.3kg
어묵 8kg
콩기름 1.6kg
마늘 0.3kg
양파 3kg
고추 0.3kg
대파 0.5kg
간장 0.6kg
고춧가루 0.2kg

✓ **재료 및 분량 (1인 기준/g)**

올리고당 2g
어묵 40g
콩기름 5g
마늘 2g
양파 7g
고추 2g
대파 5g
간장 5g
고춧가루 1g

제공된 식단

1. 옥수수밥
2. 온메밀소바
3. 배추김치
4. 어묵 고추볶음
5. 유기농 식혜
6. 코다리 강정

조리과정

1. 어묵은 먹기 좋은 크기로 썰어서 185도의 오븐에 구워낸다. (5분)
2. 양파와 고추는 어묵은 비슷한 크기와 모양으로 준비한다.
3. 대파는 2~3cm 정도로 썬다.
4. 팬에 기름을 두르고 대파, 양파로 향을 낸 후 간장을 넣어 불맛을 낸 후 오븐에 구운 어묵을 넣고 올리고당으로 윤기를 주어 마무리한다.
5. 식판에 정량씩 배식한다.

조리과정 TIP

어묵의 쫄깃한 식감이 기호도가 더 높아서 오븐에 구운 후 양념장에 볶는다.

후리카게볶음밥

✅ **재료 및 분량 (150인 기준/kg)**

멥쌀 12kg
당근 1.5kg
마늘 0.2kg
양파 2kg
우엉 1.5kg
양송이버섯 1kg
부추 0.7kg
청 피망 1kg
참깨 0.2kg
참기름 0.2kg
콩기름 0.7kg
굴 소스 0.5kg
후리카케 0.2kg
베이컨 1.5kg,

✅ **재료 및 분량 (1인 기준/g)**

멥쌀 80g
당근 6g
마늘 1g
양파 3g
우엉 8g
양송이버섯 6g
부추 5g
청 피망 6g
참깨 1g
참기름 3g
콩기름 5g
굴 소스 5g
후리카케 1g
베이컨 10g

제공된 식단

1. 후리카게볶음밥
2. 만둣국
3. 시리얼 & 호상 요구르트
4. 배추김치
5. 혼합 주스

조리과정

1. 당근, 마늘, 부추, 양파, 양송이버섯은 볶음밥용으로 잘게 다져 준비한다.
2. 피망, 베이컨도 같은 모양으로 썰어 볶는다. 우엉은 졸여서 잘게 다져서 준비한다.
3. 후리카케, 굴 소스, 다져서 준비한 재료와 함께 고슬고슬하게 갓 지은 밥에 비빈 후 참기름, 깨로 마무리한다.
4. 식판에 정량씩 배식한다.

조리과정 TIP

볶음밥은 밥 짓기(고슬고슬하게)가 무엇보다 중요하다.

수제 토마토주스

✅ **재료 및 분량 (150인 기준/kg)**

토마토 6.17kg

우유 8kg

딸기 3kg

토마토주스 4.1kg

꿀 0.5kg

✅ **재료 및 분량 (1인 기준/g)**

토마토 50g

우유 50g

딸기 20g

토마토주스 25g

꿀 2g

제공된 식단

1. 옥수수밥
2. 해물짬뽕탕
3. 비트 무피클
4. 찹쌀탕수육
5. 도토리묵 채
6. 수제 토마토주스

조리과정

1. 토마토는 + 자 형태로 칼집을 넣어서 끓은 물에 데쳐서 껍질을 벗겨 갈아 준비한다.
2. 딸기를 세척, 소독 후 꼭지를 제거해서 믹서기에 갈아준다.
3. 토마토와 우유, 토마토주스, 꿀을 함께 혼합한다.
4. 종이컵에 나누어 담아 식판에 정량씩 배식한다.

조리과정 TIP

수제 토마토주스에 사용하는 토마토는 완숙 토마토로 사용해야 자연의 단맛을 느낄 수 있고 색상도 곱게 난다.

꽈리고추찜

✅ **재료 및 분량 (240인 기준/kg)**

꽈리고추 2kg

참깨 0.2kg

밀가루 0.5kg

참기름 0.2kg

간장 0.5kg

소금 0.1kg

✅ **재료 및 분량 (1인 기준/g)**

꽈리고추 12g

참깨 1g

밀가루 1g

참기름 2g

간장 2g

소금 1g

제공된 식단

1. 치킨마요 덮밥
2. 어묵국(떡과 어묵)
3. 돼지불고기
4. 배추김치
5. 샤인 머스캣
6. 꽈리고추찜

조리과정

1. 고추는 전처리 후 씻는다.
2. 씻어 둔 고추를 밀가루와 버무려 쪄낸다. (오븐 사용)
3. 참기름, 간장, 참깨를 섞어 양념장을 만든다.
4. 다 쪄진 고추를 빠르게 식히고 양념장에 버무려 준다.
5. 식판에 정량씩 배식한다.

조리과정 TIP

* 찔 때 소금을 살짝 넣어야 파란색을 유지한다.
* 약간의 고춧가루를 첨가해도 된다.

해물 부추전

☑ **재료 및 분량 (290인 기준/kg)**

당근 1kg   감자 3kg
마늘 0.1kg
부추 2kg
실파 0.3kg
애호박 3kg
참깨 0.1kg
오징어 몸통 2.5kg
홍합살 1.5kg
부침가루 3kg
참기름 0.1kg
콩기름 1.2kg
양조간장 0.5kg
재래간장 0.3kg

☑ **재료 및 분량 (1인 기준/g)**

당근 5g   감자 10g
마늘 1g
부추 8g
실파 1g
애호박 10g
참깨 1g
오징어 몸통 10g
홍합살 8g
부침가루 7g
참기름 1g
콩기름 5g
양조간장 2g
재래간장 2g

제공된 식단

1. 옥수수밥
2. 청국장찌개
3. 해물 부추전
4. 매콤 불고기
5. 모둠쌈/상추, 풋고추, 오이
6. 모둠 과일/사과, 배, 방울토마토
7. 호박죽/자율

조리과정

1. 부추는 깨끗이 씻어 2~3cm 길이로 채 썰고, 감자는 반은 갈고 나머지는 채 썬다.
2. 당근과 호박도 2~3cm 길이로 채 썰어 놓는다.
3. 오징어와 홍합은 손질 후 다진다. 부침가루에 손질한 모든 재료를 섞은 후 노릇하게 지져 낸다.
4. 양조간장, 재래간장, 다진 마늘, 다진 실파, 참기름, 참깨 양념간장을 만든다.
5. 잘라서 식판에 정량씩 배식한다.

조리과정 TIP

* 물은 극소량만 사용한다.
* 배식 시 교차오염 주의한다.

딸기 생크림 모닝빵

 재료 및 분량 (140인 기준/kg)
모닝빵 8kg
생크림 2kg
딸기잼 3kg

 재료 및 분량 (1인 기준/g)
모닝빵 50g
생크림 10g
딸기잼 30g

제공된 식단

1. 햄 야채 볶음밥
2. 딸기 생크림 모닝빵
3. 바나나
4. 배추김치
5. 과일 혼합 주스

조리과정

1. 모닝빵은 가로로 살짝 가르고 오븐에 살짝 쪄서 준비한다.
2. 생크림을 휘핑하고 딸기잼과 섞어준다.
3. 모닝빵 사이에 딸기 생크림을 채워준다.
4. 식판에 정량씩 배식한다.

조리과정 TIP

슬라이스치즈를 함께 곁들여서 제공해도 좋다.

간단 김밥

✅ **재료 및 분량 (150인 기준/kg)**
멥쌀 10kg
찹쌀 2kg
당근 1.3kg
부추 1.3kg
참깨 0.2kg
김 0.5kg
달걀 4kg
어묵 3kg
단무지 3kg
햄 4.5kg

✅ **재료 및 분량 (1인 기준/g)**
멥쌀 80g
찹쌀 20g
당근 8g
부추 8g
참깨 1g
김 2g
달걀 30g
어묵 20g
단무지 20g
햄 30g

제공된 식단

1. 간단 김밥
2. 동태탕
3. 야채 샐러드
4. 우유/시리얼
5. 샤인 머스캣/배

조리과정

1. 멥쌀과 찹쌀을 섞어 씻은 후 물을 넣고 밥을 얹힌다.
2. 모든 재료 김밥용으로 준비
3. 우엉은 간장, 물엿, 설탕에 양념하여 조리고 달걀은 지단을 부쳐 썰어준다.
3. 시금치를 데쳐서 밑간하고 햄을 구워준다.
4. 준비된 재료를 김에 말아 참기름을 바르고 참깨를 위에 뿌린다.
5. 김밥을 썰어서 식판에 정량씩 배식한다.

조리과정 TIP

수제 김밥은 조식에 기호도가 높은 메뉴로 부재료를 다양하게 사용하면 좋다.

애호박 치즈 달걀말이

 재료 및 분량 (240인 기준/kg)

애호박 4kg

달걀 13kg

콩기름 1.2kg

체더치즈 2kg

소금 0.2kg

 재료 및 분량 (1인 기준/g)

애호박 20g

달걀 50g

콩기름 5g

체더치즈 10g

소금 2g

제공된 식단

1. 클로렐라 밥
2. 닭개장
3. 애호박 치즈 달걀말이
4. 브로콜리/초고추장
5. 도넛
6. 배추김치
7. 수제 함박스테이크

조리과정

1. 달걀을 깨서 풀어주고 체에 한 번 걸러준다.
2. 애호박은 감자 칼로 길게 내려서 소금에 살짝 절여서 물기를 제거한다.
3. 팬에 기름을 두르고 달걀물을 부어 반쯤 익으면 체더치즈를 얹어 말아 굽는다.
4. 식판에 정량씩 배식한다.

조리과정 TIP

두툼하게 말아야 색상이 선명하고 예쁘다.

콘샐러드

✅ **재료 및 분량 (240인 기준/kg)**

연유 0.4kg
옥수수 통조림 5kg
홍 피망 1kg
마요네즈 2kg
청 피망 1kg
어육햄 2kg
양파 2kg

✅ **재료 및 분량 (1인 기준/g)**

연유 2g
옥수수 통조림 20g
홍 피망 5g
마요네즈 7g
청 피망 5g
어육햄 10g
양파 5g

제공된 식단

1. 흰밥(자율)
2. 잔치국수(쌀 면)
3. 콘샐러드
4. 수육(목살, 삼겹살)
5. 배추김치
6. 상추쌈
7. 친환경 방울토마토

조리과정

1. 홍 피망, 청 피망, 양파를 세척 후 약간 크게 다진다.
2. 햄을 데쳐내어 잘게 썰고 옥수수 통조림에 물기를 빼준다.
3. 모든 재료를 넣고 섞어준다.
4. 식판에 정량씩 배식한다.

조리과정 TIP

연유는 소량 사용해야 많이 달지 않고 물도 덜 생긴다.

가츠멘
(본교 1학년 강민 제안 레시피)

✅ **재료 및 분량 (290인 기준/kg)**

당근 1.2kg

마늘 0.2kg

양파 3kg

숙주나물 4kg

청경채 2.2kg

대파 1.21kg

돼지고기(목살) 7kg

돼지고기(사태) 7kg

라멘면 10kg

어간장 0.1kg

재래간장 0.2kg

쇠고기 맛 부용 베이스 0.5kg

✅ **재료 및 분량 (1인 기준/g)**

당근 6g

마늘 1g

양파 8g

숙주나물 10g

청경채 10g

대파 5g

돼지고기(목살) 25g

돼지고기(사태) 25g

라멘면 40g

어간장 2g

재래간장 2g

쇠고기 맛 부용 베이스 5g

제공된 식단

1. 옥수수밥
2. 라멘면
3. 샤인 머스캣/오렌지
4. 꽃 맛살 샐러드
5. 깍두기
6. 수제 스테이크
7. 마시는 샐러드(주스)

조리과정

1. 돼지고기 목살과 사태를 함께 삶아서 편육 모양으로 잘라준다.
2. 양파와 대파 세척 후 양파는 채 썰고 대파는 얇게 송송 썰어준다.
3. 청경채를 먹기 좋은 크기로 잘라 끓는 물에 데치고 숙주나물도 데친 후 물기를 제거한다.
4. 라멘면을 해동시킨 후 끓는 물에 1~2분 삶고 찬물에 헹궈준다.
5. 냄비에 물과 멸치, 다시마, 건새우를 넣어 육수를 내고 어간장, 재래간장을 넣어 간을 맞춘다.
6. 준비한 채소를 넣고 끓인다.
7. 식판에 삶은 면을 담고 육수와 고기를 정량씩 배식한다.

조리과정 TIP

국수 용기가 충분할 때 라멘면과 고기 고명, 대파를 미리 담아서 세팅한 후 국물을 담아낸다.

인 델리 마크니 풍 치킨텐더 커리

✓ 재료 및 분량 (240인 기준/kg)

멥쌀 15kg   치킨텐더 14kg

찹쌀 3kg

당근 2.5kg

마늘 0.2kg

양파 3kg

양송이버섯 1.5kg

감자 6kg

청 피망 1kg

홍 피망 1kg

애호박 3kg

카레 분말 4kg

콩기름 0.3kg

후추 0.02kg

✓ 재료 및 분량 (1인 기준/g)

멥쌀 70g   치킨텐더 60g

찹쌀 15g

당근 7g

마늘 1g

양파 7g

양송이버섯 5g

감자 20g

청 피망 6g

홍 피망 6g

애호박 15g

카레분말 20g

콩기름 2g

후추 1g

제공된 식단

1. 인 델리 마크니 풍 치킨텐더 커리
2. 황태채 미역국
3. 달걀말이
4. 열대과일 샐러드
5. 배추김치

조리과정

1. 분량의 멥쌀, 찹쌀을 씻어 밥을 한다.
2. 감자, 당근, 양파, 애호박은 1cm 크기로 깍둑썬다.
3. 청 피망과 홍 피망, 양송이버섯도 깍둑썬다.
4. 감자, 당근은 소금 간을 하여 볶는다.
5. 카레 가루를 물에 채를 받쳐 잘 푼다.
6. 물이 끓으면 손질한 재료와 마늘, 후추를 넣고 다시 한번 끓인다.
7. 오븐에 치킨텐더를 넣고 구워준다.
8. 식판에 정량씩 배식한다.

조리과정 TIP

인 델리 카레의 풍미와 치킨텐더를 함께 제공하면 호응도가 높다.

양배추 샐러드

✅ **재료 및 분량 (290인 기준/kg)**

양배추 6kg
붉은양배추 3.5kg
어린잎채소 1.5kg
물엿 1.5kg
머스터드소스 1.5kg
마요네즈 1.5kg
과일 통조림 1.3kg

✅ **재료 및 분량 (1인 기준/g)**

양배추 25g
붉은양배추 15g
어린잎채소 10g
물엿 8g
머스터드소스 5g
마요네즈 5g
과일 통조림 5g

제공된 식단

1. 흑미밥
2. 마라탕
3. 양배추샐러드
4. 도토리묵 채
5. 수제 스테이크
6. 골드 파인애플/토마토
7. 빼빼로(휘낭시에)

조리과정

1. 채소는 반드시 세척 후 소독해서 헹군 다음 사용한다.
2. 양배추, 적양배추는 곱게 채 썰고 베이비 채소는 세척, 소독 물기를 제거한다.
3. 과일 통조림을 믹서기에 갈아서 분량의 양념으로 소스를 만들어서 배식 시간 직전에 버무린다.
4. 식판에 적정량을 배식한다.

조리과정 TIP

샐러드용 채소는 반드시 세척, 소독 후 사용한다.

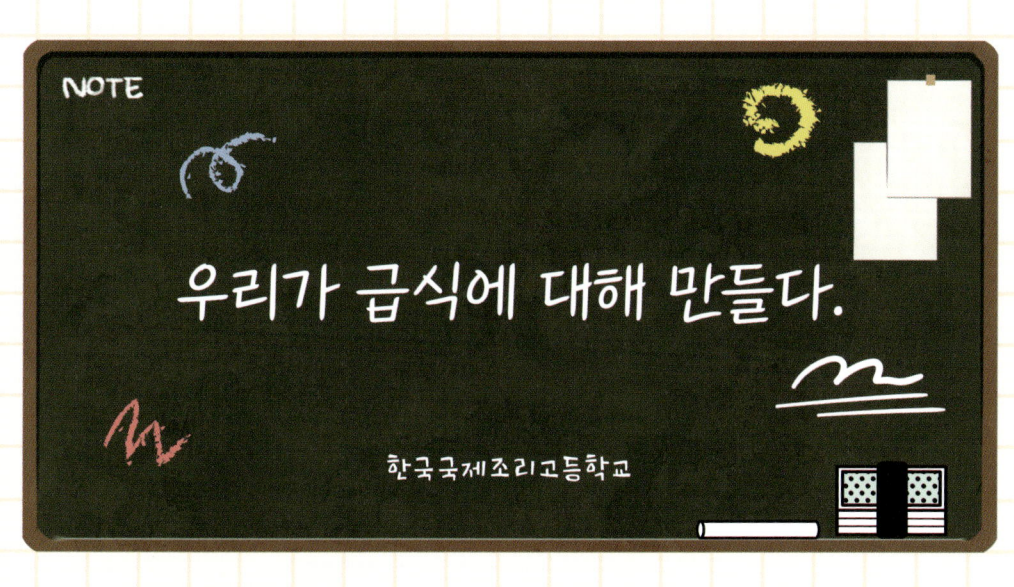

1. 왜 우리 급식만 맛이 없을까?

　급식의 맛에 관하여 이야기하기 전에 우리나라의 급식시장은 어떻게 돌아가는가? 급식을 보편화할 당시 많은 학교는 기업에 위탁하여 운영되었다. 그러던 어느 날 대한민국 전역의 각급 학교에서 급식으로 나온 초콜릿케이크를 먹은 다수의 학생 들이 식중독에 걸린 대규모 사건이 있었다. 그것을 계기로 학교급식법이 개정되어 학교가 직접 급식을 관리하게 되었다. 또한, 정치권에서는 무상급식을 공약으로 나오면서 급식은 세금으로 이뤄졌다.

　그러면 우리 급식이 맛없는 이유로 첫 번째, 식자재 발주이다. 학교 급식은 공공의 영역이기에 전자 조달시스템을 통해 반드시 최저가로 발주하게 되었다. 또한, 1인분의 급식 단가는 노동비 포함 평균 5,400원이지만 재료비만 계산하면 약 3,000원이기 때문이다. 두 번째로는 조미료를 사용하지 않는 것이다. 편의점 음식이나 일반 식당과 비교하면 정해진 비용 안에서 조미료를 사용하지 않고 친환경 재료를 사용해 맛을 내기는 매우 어려운 일이다. 마지막으로 가장 큰 이유는 영양사와 조리사의 능력이다. 영양사와 조리사의 능력에 따라서 학교 급식은 '맛있는 급식'이 될 수도, '맛없는 급식'이 될 수도 있다. 이러한 많은 이유로 급식이 맛이 없을 수도 있다.

2. 메뉴에 대한 선호도 차이가 나는 이유는 뭘까?

개개인의 입맛과 본인들이 생각하는 질은 조리고의 특성상 알고 있는 지식을 너무 과대 평가하는지도 모른다. 특히 싱겁다고 느낄 수 있는 점을 곰곰이 생각해 보면 초등학교, 중학교에서는 영양사 선생님과 담임선생님이 적극적으로 골고루 먹어야 한다고 강력하게 권유하지만, 우리 학교에서는 자율로 해서 학생들이 먹고 싶은 것만 먹어도 되므로 본인이 좋아하는 것이 한두 가지만 있을 때 그렇게 느낄 수 있으며 우리나라 음식의 간이 염도가 높아서 건강에 좋지 않다는 조정 부분도 있어서 싱겁게 먹는 게 건강상에는 이로울 것 같기도 하다. 급식을 담당하는 영양사 선생님도 당연히 학생들에게 영양과 맛 모두를, 선호하는 메뉴로 제공하고 싶어 한다. 하지만 급식 중에서도 특히 학교, 유치원의 급식은 국가 기관에 지정된 안전 지침서나 법률 등을 지키며 만들어진다.

청소년의 하루 권장 열량, 영양소, 건강 등의 이유로 급식의 메뉴를 선정한다. 자극적인 음식, 가공식품 등은 학생들의 건강에 좋지 않기에 제공되지 않는다. 그러면 왜 급식이 맛없다고 느껴질까의 대한 답은 정해져 있지 않지만 매년 12월 말쯤에 전국적으로 실시하는 급식 선호도 조사에서 가장 많이 나온 의견이 '자신이 좋아하는 메뉴가 가끔 나오거나 안 나온다,' 라는 의견이 있을 수도 있지만, 그건 어디까지

나 개인적인 성향의 차이라고 생각하면 될 것이다. 최근 대기업이나 관공서의 경우에는 한식, 양식, 중식, 샐러드 등 여러 모형의 카페테리아식 식당을 운영하는 곳이 많다.

그만큼 개인적인 취향이 강하다는 것을 알 수 있다. 선호하는 메뉴보다 선호하지 않는 메뉴가 더 많이 나올 수 있는 이유는 사실상 영양적으로나 건강에 좋다는 식재료나 음식의 유형은 대부분 전통음식과 맛이 약간 밋밋할 수 있는 것들의 종류가 많은 관계로 학생들은 급식에 대한 기대치가 낮을 수도 있다. 본인의 취향은 다 다르지만 대부분 채소, 해산물을 싫어하고 아무리 맛있게 조리해도 학생들의 선입견으로 인해 섭취하지 않는다. 건강하다고 하는 것은 아직 그 식재료에 대한 영양보다는 혀끝에서 느끼는 맛으로만 인식되어 있으므로 선호하지 않는다.

이러한 조사를 하는 이유는 성장기 학생의 건전한 심신 발달 도모 및 올바른 식습관 형성을 위하여 급식의 질 향상과 학생의 기호도 및 만족도 조사를 통한 효율적인 학교 급식 운영 관리하고 급식의 잔반 배출량을 줄이기 위해서다. 그리하여 이 책에서도 만족도 조사를 하여 올바른 식습관 형성과 잔반 배출량을 줄이기 위해 노력하였다.

이를 통해 급식은 무엇보다 가정에서의 식습관과 연계되어 있음도 생

각해 볼 수 있다. 본인이 가정에서 골고루 먹고 자란 학생의 경우와 그렇지 못한, 항상 편식이 심했던 경우는 언제나 본인이 좋아하는 것만 찾고 아예 처음 보는 음식이 본인이 맛없다고 느끼는 음식은 먹어보려조차 하지 않는다. 자신의 입맛에 맞지 않으면 계속해서 급식에 대한 선호도만 생각할 것이고, 학생들의 건강을 위해서 자극적인 메뉴는 자주 나오지 못하는 점을 고려해서 영양을 우선 생각하는 급식이 만들어진다는 점을 고려하는 긍정적인 면으로 생각한다면 우리는 급식에 감사함만을 생각할 것이다. 학교 급식이 없다면 우리는 매일 도시락이나 배달 음식으로 해결해야 한다는 생각만으로도 감사함을 잊지 말아야 할 것이다.

3. 조리고 학생답게! 우리가 급식을 만들다.

　학생들이 말하는 급식을 조사하기 위해 우리 학교 학생들에게 질문을 던져보았다. 초중고를 다닌 우리 학생들이 말하는 급식에 관한 내용들을 정리하면 다음과 같이 정리되었다.

"급식에 여러 과일이 자주 나와서 좋지만, 김치나 나물 등의 반찬 맛이 약해서 아쉬워"

"나는 급식에 학생들이 좋아할 만한 메뉴가 많이 나와서 좋은데 그것들이 전부 간이 맞지 않아서 아쉬웠어."

"나는 각 계절에 나오는 과일이 자주 나와서 좋은 것 같고 요즘 유행하는 음식들이 나와서 좋지만, 간이 너무 뒤죽박죽이라서 먹을 때 별로야, 그리고 아침이 점심과 저녁보다 부실하게 나오는 부분이 아쉬운 것 같아"

　이러한 답변을 통해 우리 학교 학생들이 말하는 급식에 좋은 점은 계절에 맞는 과일이 자주 나와서 좋다는 평과 요즘 유행하는 음식이나 학생들이 좋아할 만한 음식이 많이 나와서 좋다는 평이 나왔다. 반면 전체적으로 반찬 맛이 약하다는 평과 간이 맞지 않는 점, 아침 식사가 점심과 저녁보다 부실하게 나온다는 평이 안 좋은 점으로 평가되고 있다.
　이러한 문제들을 해결하기 위해 우리는 동아리 담당 선생님이신 우숙이 선생님과 같이 급식 만들기 활동에 참여했다. 일단 식단표와 관련된 메뉴를 선정하고 레시피부터 만들었다. 레시피를 만들 때 급식에 나올 수 있을 만한 음식들인지 청소년의 필요 영양소와 열량을 고려하여 만들었다. 급식은 대량조리라서 평균적으로 100인분을 잡고 음식을 해야 한다. 이러한 부분에서 평소에 1~2인분만 만들다가 100인분을 만들려니 레시피도 어떤 형식으로 작성해야 하는지, 조리는 어떻게 해야 하는지, 대량조리는 처음이라 매우 힘들었다.

　대량조리에서 직면했던 문제 중 특히 간 맞추는 것을 시작으로 전처리 작업, 큰 조리기기의 사용 등 어려운 부분들이 많았다. 일반적인 1인분 요리와는 달리 양념의 배합 비율이 다른 것부터 많은 것을 배울 수 있었다. 아울러 우리들이 먹게 되는 급식에서 위생적인 부분을 굉장히 중요하게 여기는 것을 배울 수 있었다. 조리할 양이 적으면 한눈에 보이고 섬세하게 작업할 수 있어서 깔끔한데 양이 많으면 봐야 할 것도 많고 계속 만들어야 하니까 위생을 신경 쓸 겨를이 없었다. 이러한 우리의 부족한 부분을 영양사 선생님과 조리원분들께서 가르쳐주시고 실제로 해보니까 위생 부분도 심하게 지저분하지 않아서 다행이었다.

학생들의 레시피가 반영된 식단표

이러한 모든 작업이 끝난 후, 7 ~ 9월 중 우리가 만든 음식이 급식에 제공되었고 급식표에 동아리원들의 이름이 들어갔다. 이후 급식 직접 만들어 본 학생들에게도 실습할 때의 느낀 점을 물어봤다.

"우리 학교 급식은 아이들의 의견을 중요시한다는 걸 느꼈어, 실습하면서 우리들의 입맛에 맞게 만들려는 조리사분들의 노력이 많이 보였어. 대신 급식은 조미료를 많이 못 쓰기 때문에 아이들이 좋아하는 맛을 만들기 위해서는 더 큰 노력이 필요하다는 것을 알게 됐어."

"학교 급식을 직접 만들어 보니까 내가 알고 있던 느낌이랑 매우 달랐어, 일단 1~2인분이 아닌 100인분 이상의 급식을 만들어야 해서 우리가 알고 있는 냄비와 밥솥 같은 주방도구들이 특대용으로 설비되어 있어서 신기했어. 또한, 단체 급식은 혼자서는 만들기 힘들어서 조리사분들과의 팀워크와 분위기도 중요했어."

"학교 급식을 직접 만들어 보니 정말 청결에 신경 쓰고 있다는 것을 알았어. 급식을 먹을 때 이게 위생적일까, 싶었는데 직접 만들어 보니 내가 생각했던 것보다, 훨씬 위생적이란 것을 알게 되었어. 소독부터 조리까지 조리사분들이 위생에 얼마나 신경 쓰는지 알게 된 경험이었어"

이러한 답변을 통해 우리 학교 급식 조리사분들이 학생들의 입맛이나 의견, 위생 부분에서 학생들을 위해 노력하고 있다는 점이 보인다.

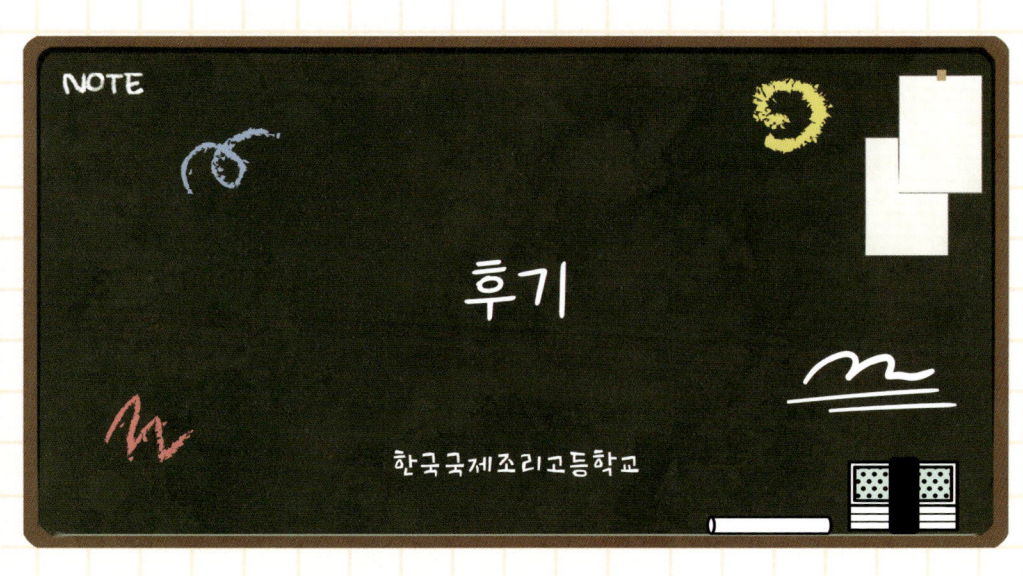

[1학년]

강 민 정식으로 책을 쓰는 것은 처음이라서 모르는 점이 많아 매우 힘들었습니다. 하지만 선배와 선생님의 도움으로 제가 맡은 부분을 써 내려갈 수 있었습니다. 또한, 각 파트를 받아 책을 쓰다 보니 그 파트에 대한 전문적인 지식을 얻을 수 있어 정말 유익했습니다.

김채원 책을 쓰게 되면서 기존에 가지고 있던 지식보다 훨씬 더 많고 다양한 지식을 얻게 되어 좋은 경험이었다고 생각합니다

장유민 책을 쓰면서 급식에 대해서 많이 배웠고 저희가 먹는 급식이 어떻게 만들어지는 배울 수 있어서 너무 좋았습니다.

최유빈 책을 쓰는 부분에서 어려운 부분도 많았지만 새롭게 알게 된 점이 훨씬 많아서 좋았고 급식 만드시는 조리사, 영양사 선생님께서 얼마나 노력하시는지 알게 되었습니다.

[2학년]

박세연 조리과인데도 단체급식에 접해본 적이 없고 자세히 배워본 적도 없습니다. 급식이라는 주제로 책을 쓰게 되면서 많은 것을 알게 되었고 영양사 선생님과 소통하면서 배운 점이 많습니다. 또한, 책을 쓰고 원고 정리 등을 해보니까 상당히 어려웠고 막연하게 느껴졌는데 선생님과 동아리 부원들과 함께해서 더 쉽고 더 좋은 책을 만들 수 있었던 뜻깊은 활동이었습니다.

김혜인 급식의 정의와 다른 나라의 급식과 우리나라 급식을 비교해 보며 재미를 느꼈습니다.

오소희 학생들이 매일 학교에 다니면서 접하는 음식이 급식입니다. 이러한 급식을 매번 먹으면서 어떤 과정에 어떻게 만들어져 왔는지 다른 나라는 어떤지에 대해 생각해 보진 못했는데 이번 책을 만들어 가면서 급식에 대해 깊이 있게 알게 된 것 같아 새로운 경험이 된 것 같습니다.

장유빈 이 책을 쓰느라 급식에 대해 많이 알게 되었습니다. 이제 급식을 먹을 때마다 생각날 것 같습니다.

정윤선 조리고에 입학하고 제과제빵을 다니며 급식이나 대량조리에 대하여 심도 있게 생각하고 공부하고 알아보는 과정이 특별한 경험으로 남아 좋은 것 같습니다.

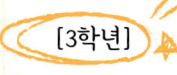

김병민 졸업하기 전 마지막 동아리 활동이라서 더욱 책에 관심을 가졌습니다. 그런데 주제도 단체급식이라는 흥미로운 주제라서 책을 쓰는데 재미있고 인상이 깊었습니다.

김유진 제가 책을 직접 만든다고 생각조차 해본 적이 없었는데 이번 기회로 책을 만드는데 여러 요소를 배우면서 더 알아가는 뜻깊은 시간이었던 것 같습니다.

신현호 책을 쓰며 많은 걸 알아가며 배울 수 있었고 우리가 먹는 급식이 어떤 과정을 거치는지 알 수 있어서 좋았습니다.

유승현 책을 쓰면서 학교와 군대의 대량조리를 알게 되었고 대량조리를 배우는 학생들에게 선물해 주고 싶은 책인 것 같습니다.

이태우 제가 알고 있는 내용을 다시 한번 정리하는데 어려웠습니다.

최우용 이번 스쿨북스 책 쓰기를 통해 한 가지 주제에 대해 자료를 수집하고 글쓰기에 관한 기술과 정보들을 많이 알게 되어 좋은 경험이 된 것 같습니다